My
Arabic
Writing
Book

كراسة الخط العربي

للصف الأول الأساسي

Mon cahier d'Écriture
Arabe

ا
ب

ت
ث

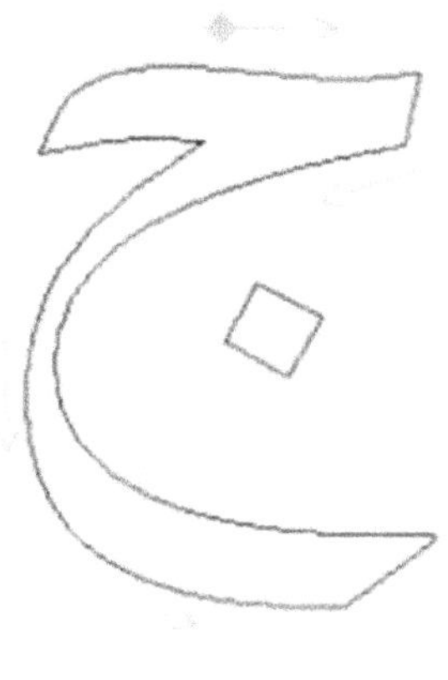

ج

ح

خ

د

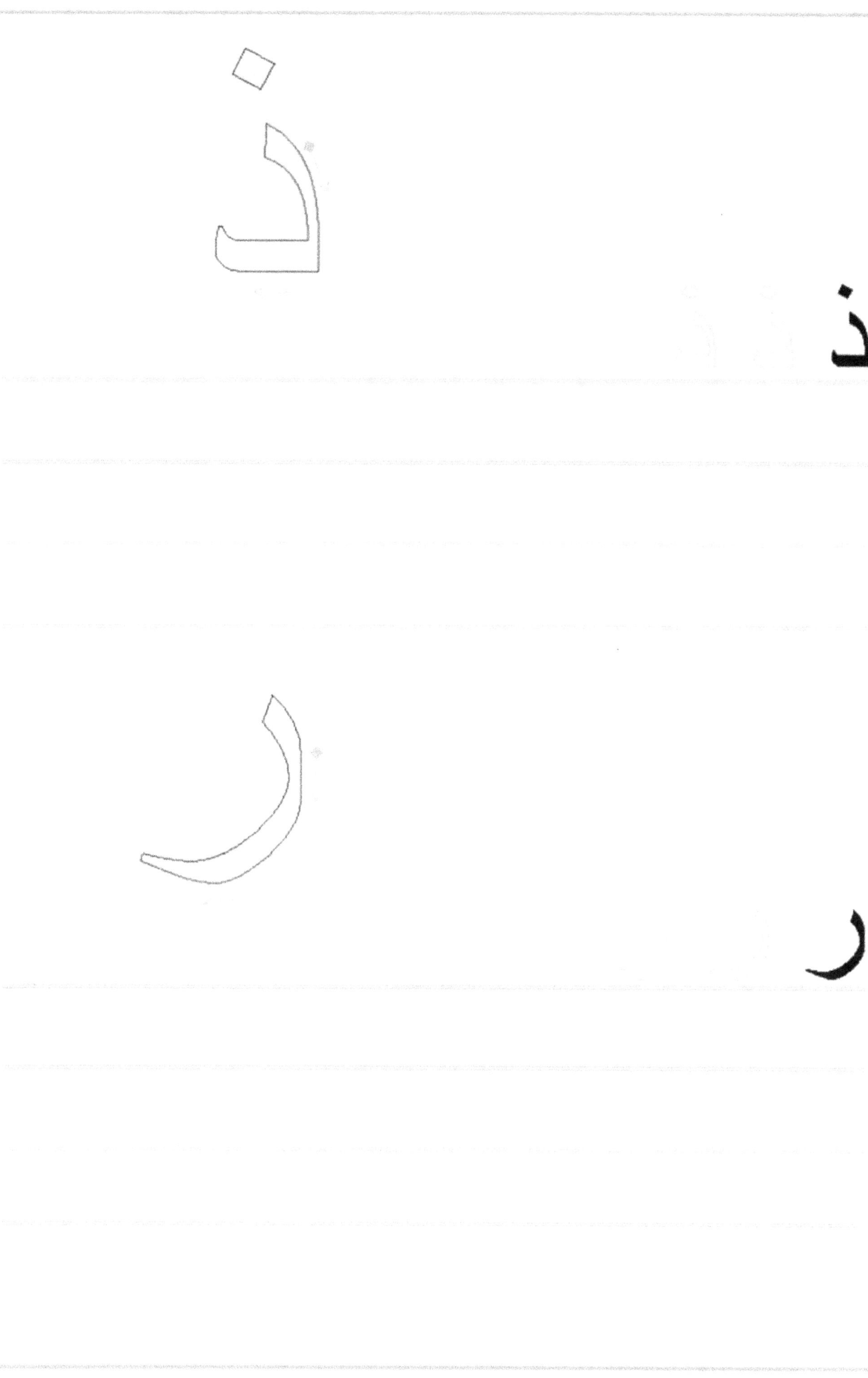

ذ
ر

ز
س

ش

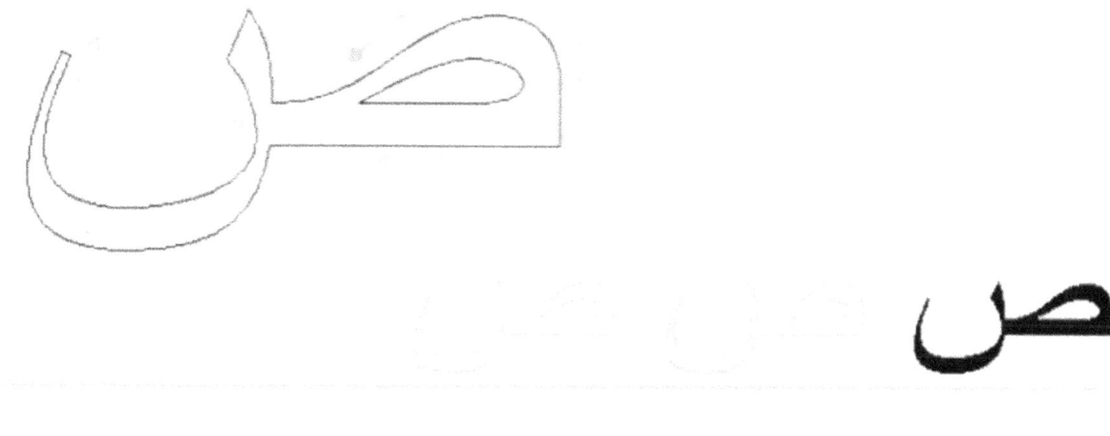

ص

ض
ض ض
ط
ط ـط

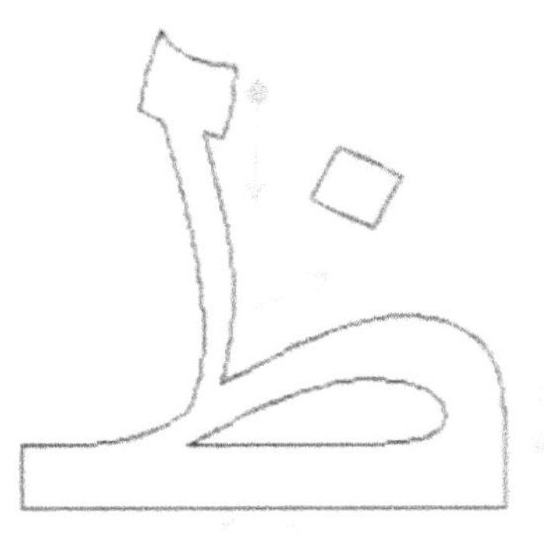

ظ

ع

غ

ف

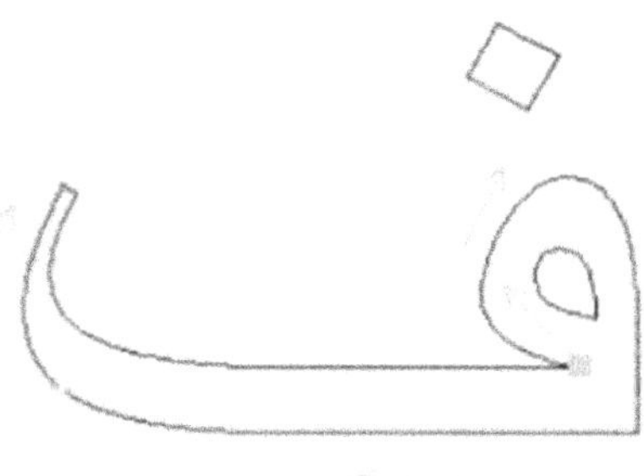

ق

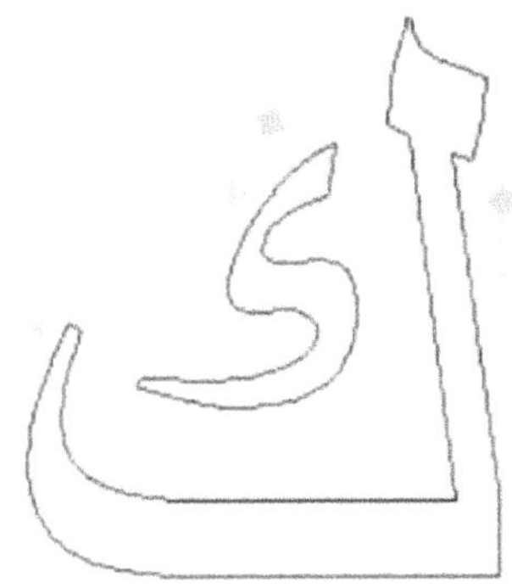

ك

ل ن ن
م م م

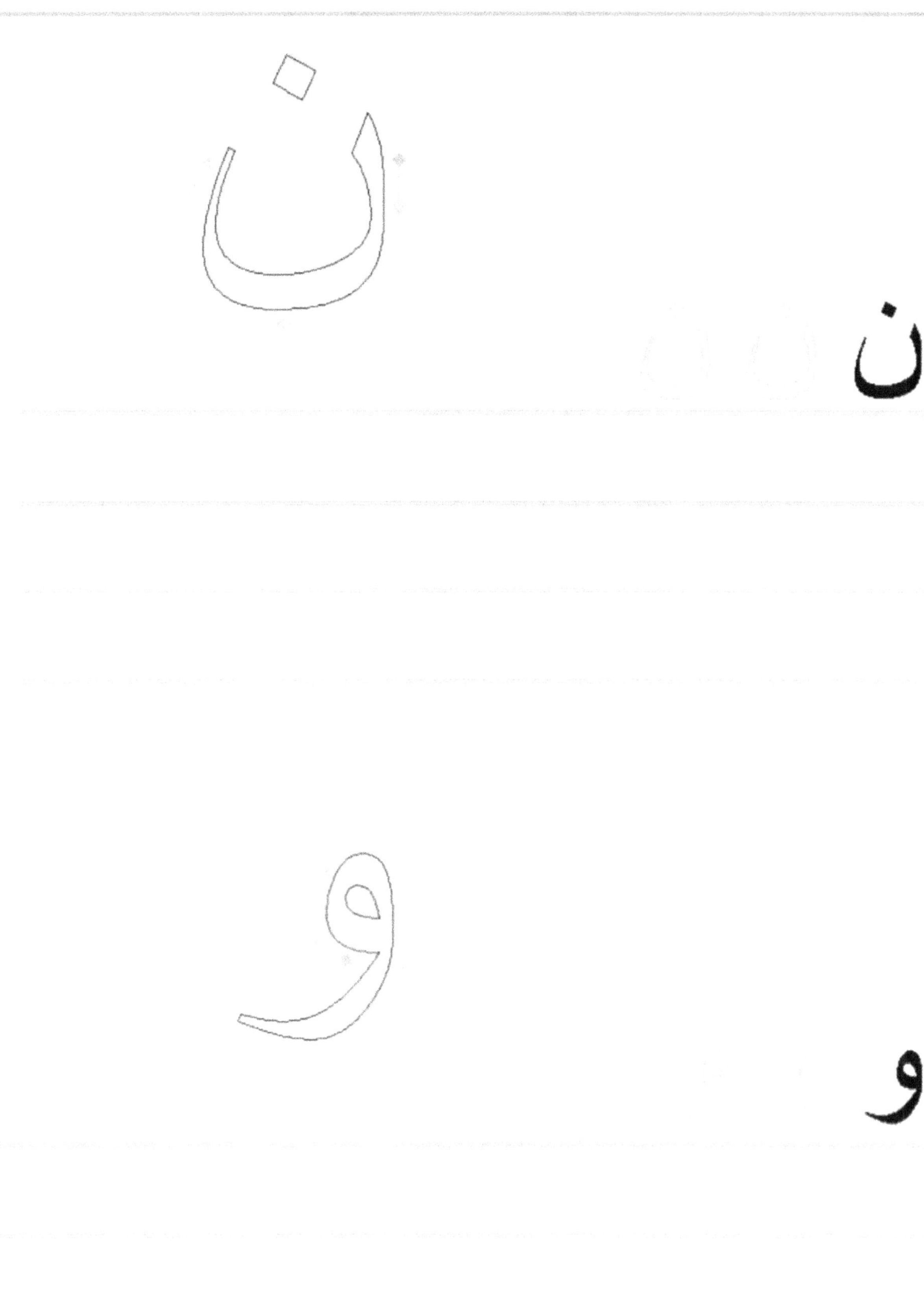

ن

و

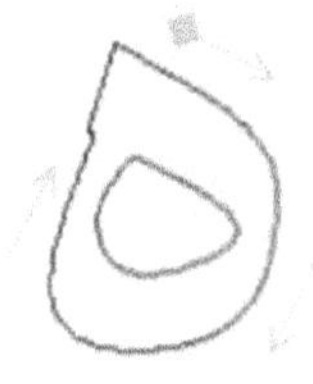

ه

ي

Colorie et entoure la lettre alif dans les mots suivants :

Entoure les images qui commencent par la lettre l

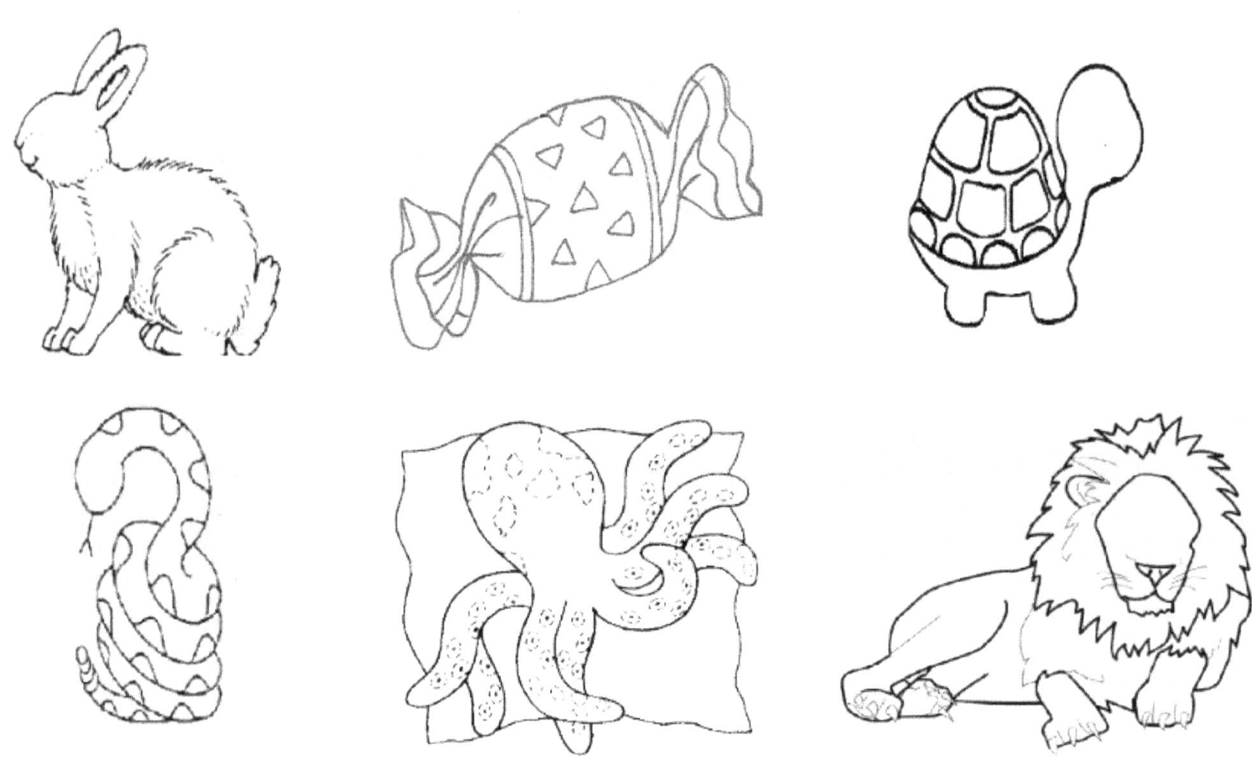

Écriture :

Colorie et entoure la lettre ba dans les mots suivants :

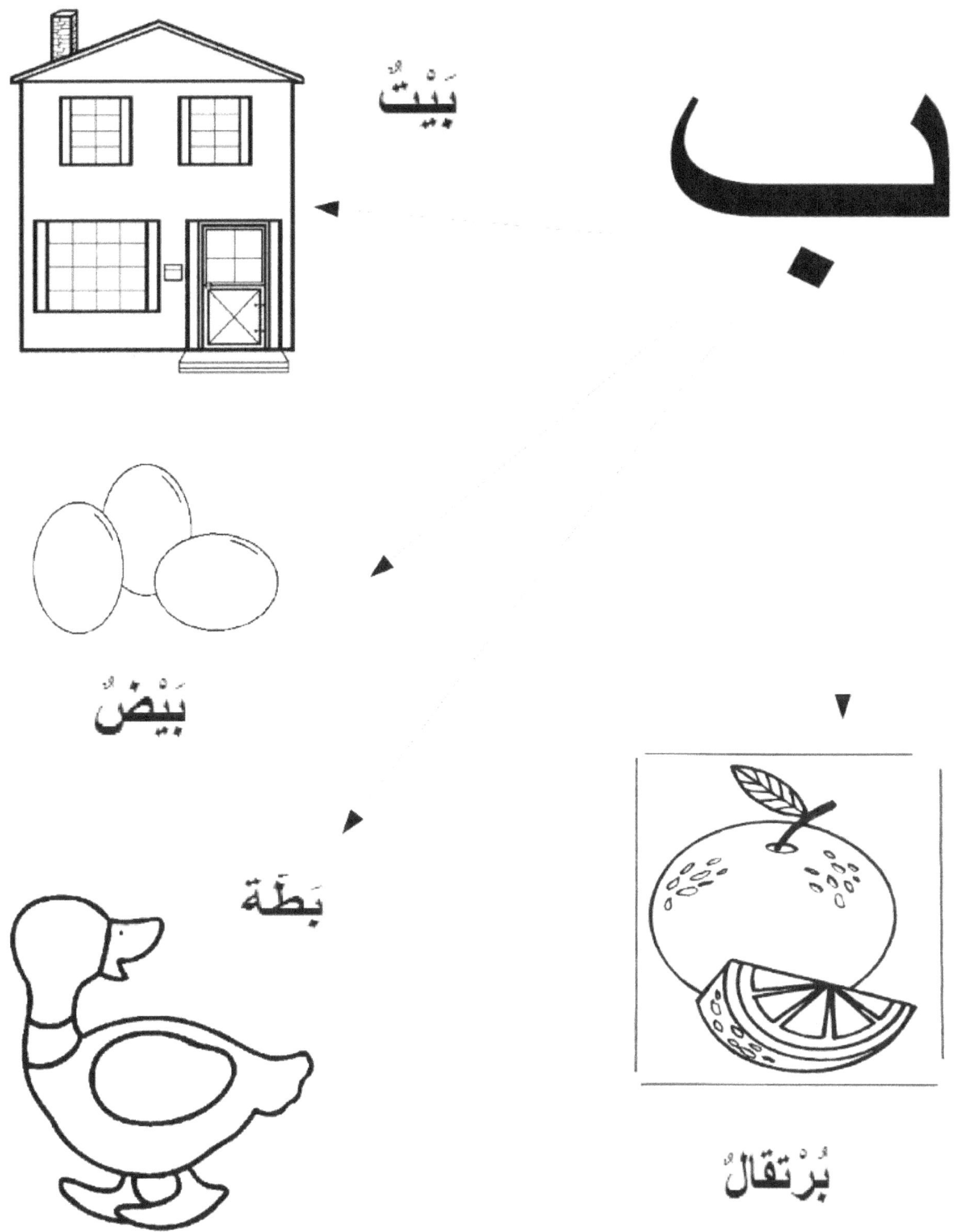

Entoure les images qui commencent par la lettre ﺑ

Écriture :

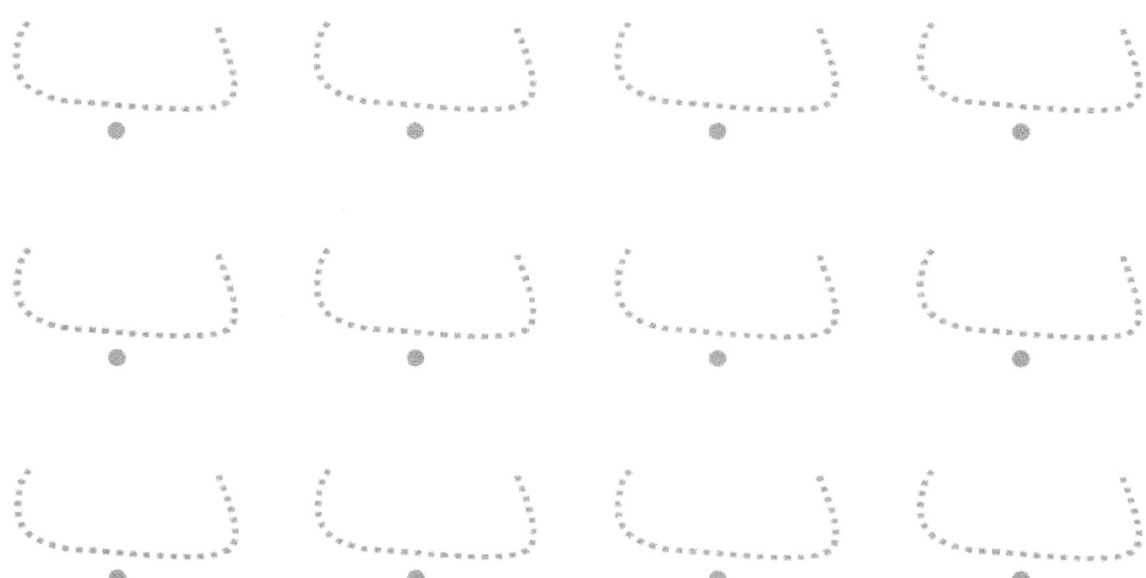

Colorie et entoure la lettre ta dans les mots suivants :

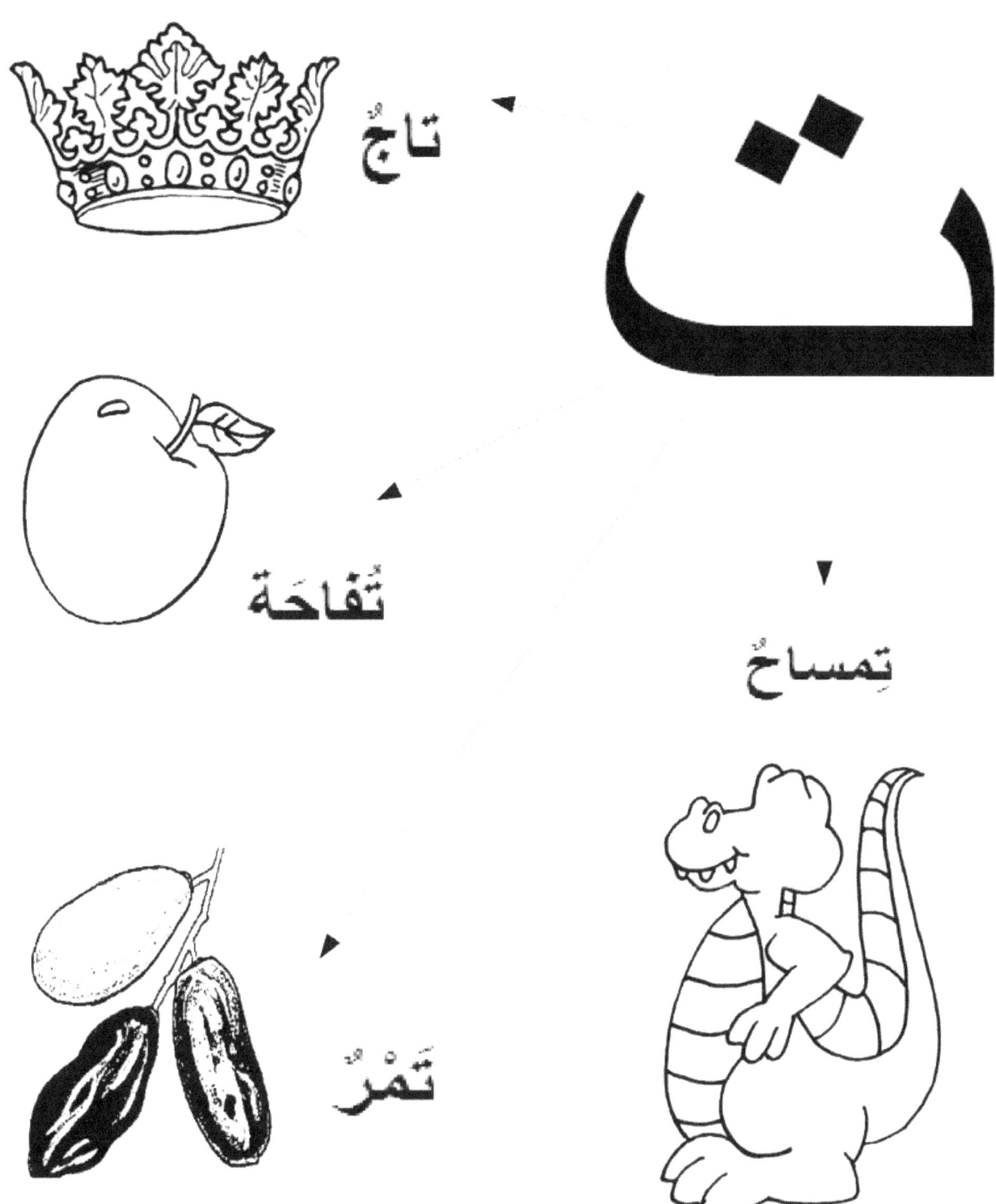

Entoure les images qui commencent par la lettre تـ

Écriture :

Colorie et entoure la lettre Tha dans les mots suivants :

11

Entoure les images qui commencent par la lettre ث

Écriture :

جَمَلٌ
جَزَرَةٌ
جُبْنٌ
جَبَلٌ
ج

Entoure les images qui commencent par la lettre ح

Écriture :

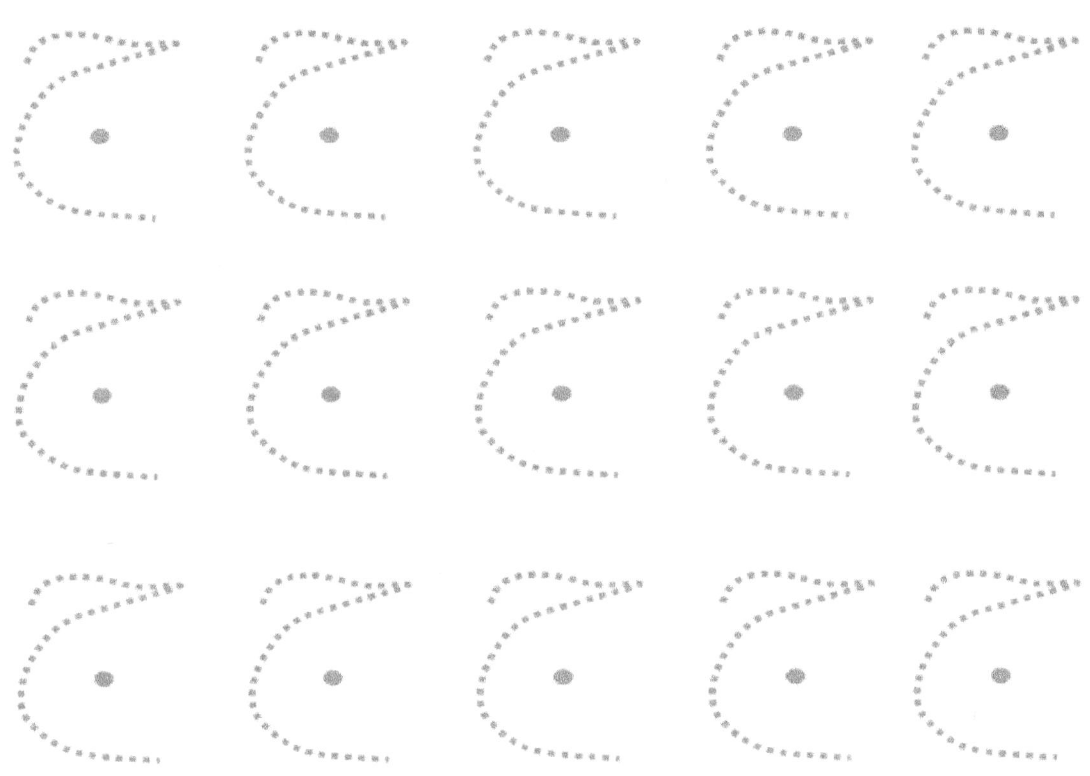

15

Colorie et entoure la lettre Hâ dans les mots suivants :

Colorie les cases avec des Hâ :

Écriture :

Entoure la lettre kha :

Aide « Chipy » à retrouver sa maman.

Colorie la peau du serpent avec un tha :

Entoure les flocons de neige avec un tha :

Entoure la lettre alif :

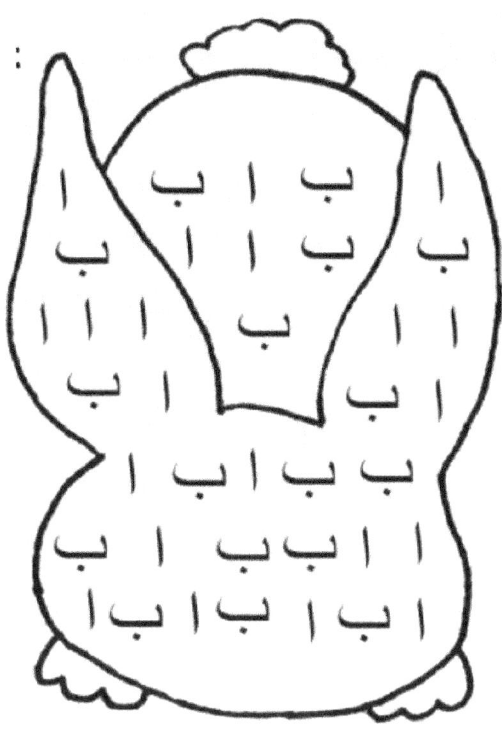

Conduis Arnabou à la carotte.

Entoure la lettre ta :

Retrouve la pomme identique au modèle et entoure la.

Colorie en marron les endroits où tu vois la lettre djim:

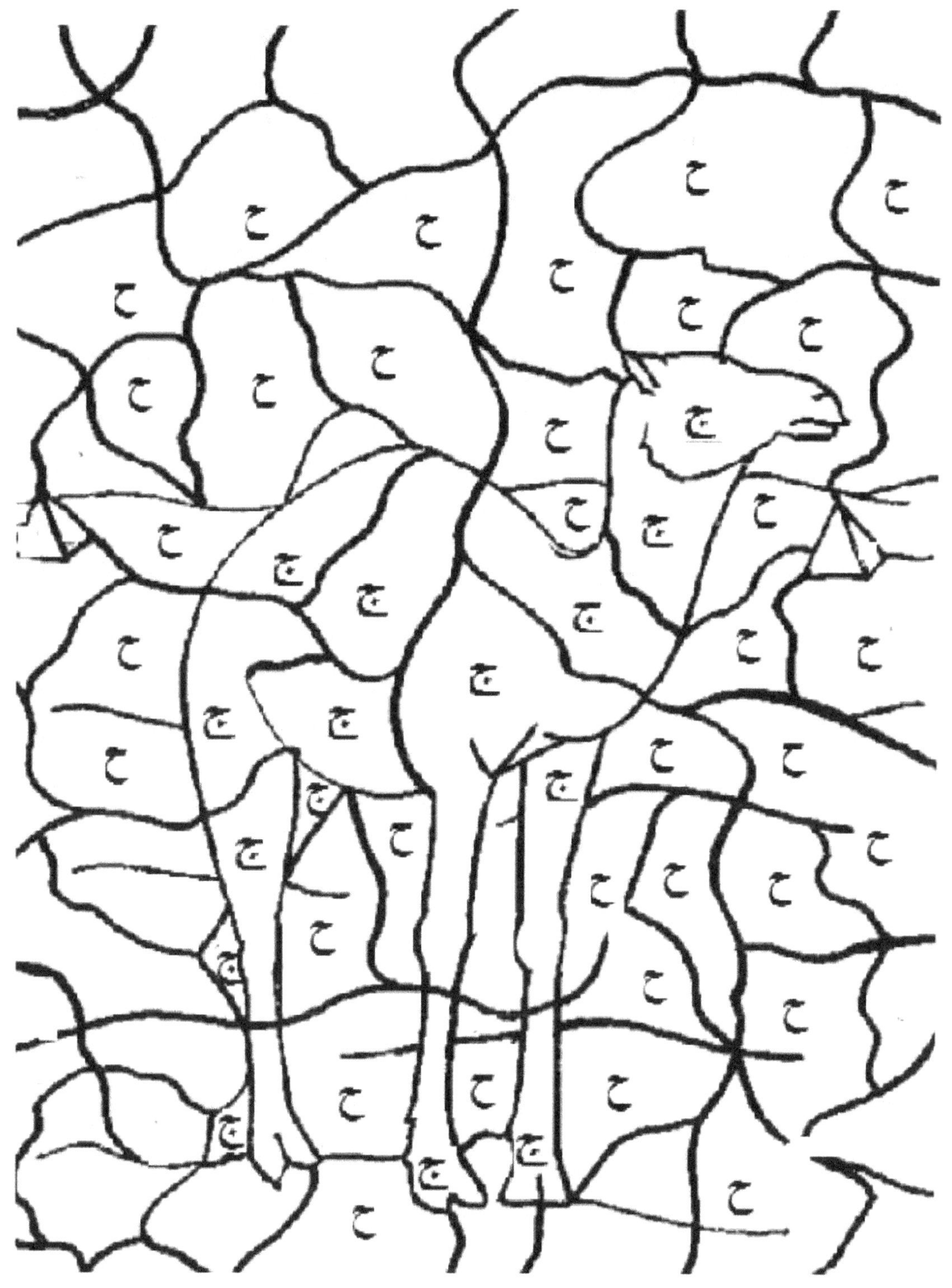

Entoure la lettre ba :

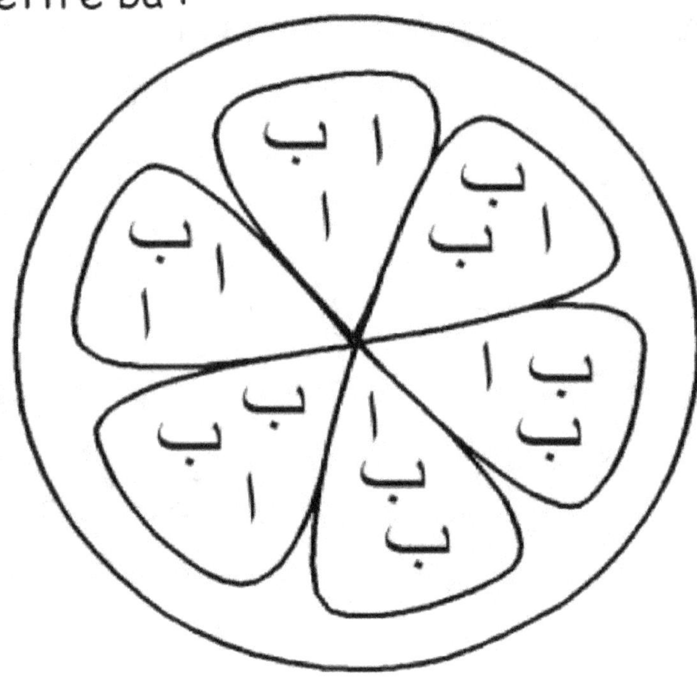

Relie les identiques.

A toi de relier l' image à la lettre qui lui correspond :

RECAPITULATIF

ث

ت

خ

ج

ح

ب

Entoure les images qui commencent par la lettre **b**

Écriture :

Colorie et entoure la lettre Hâ dans les mots suivants :

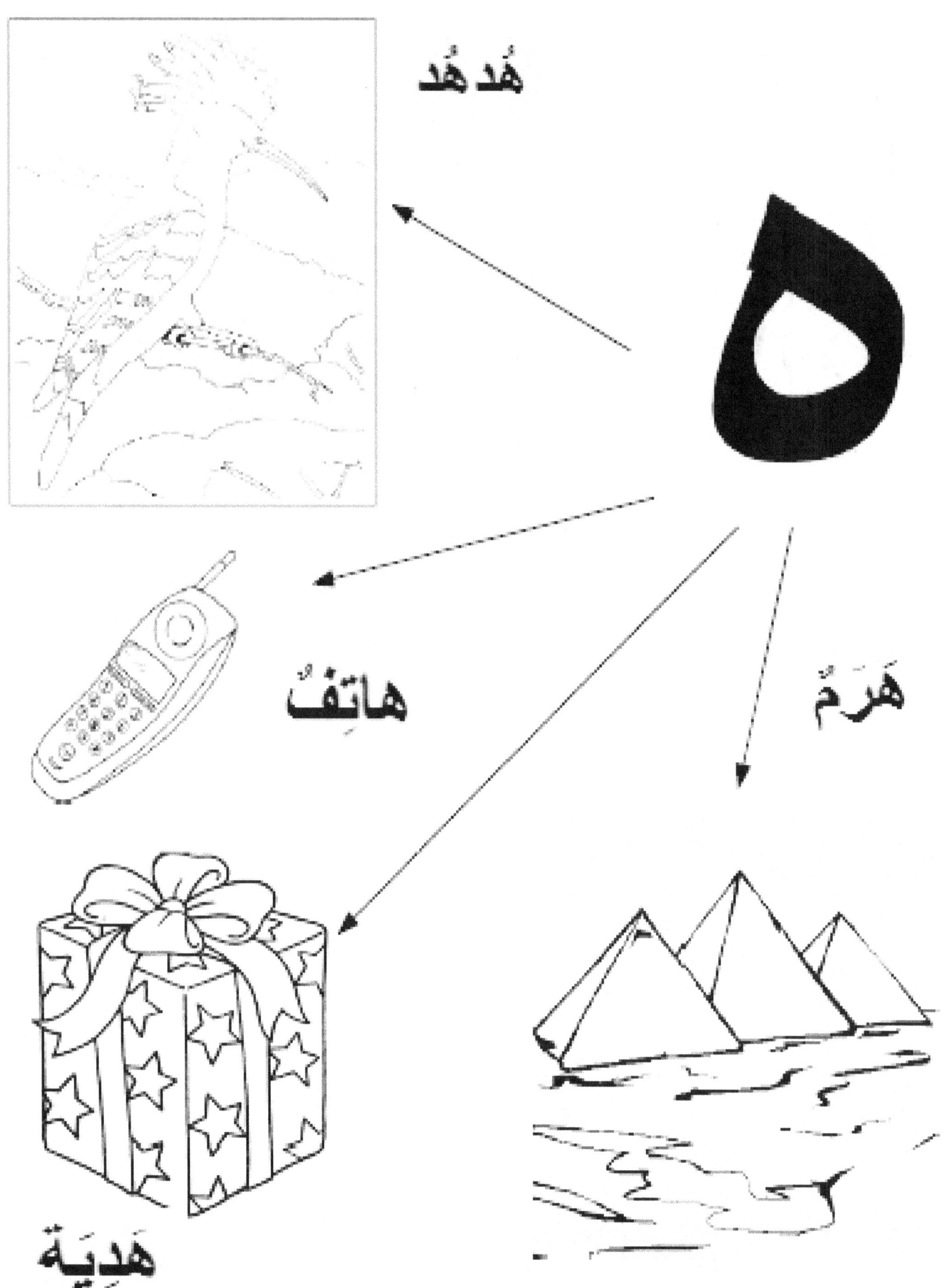

Colorie selon le code et découvre ce qui est caché :

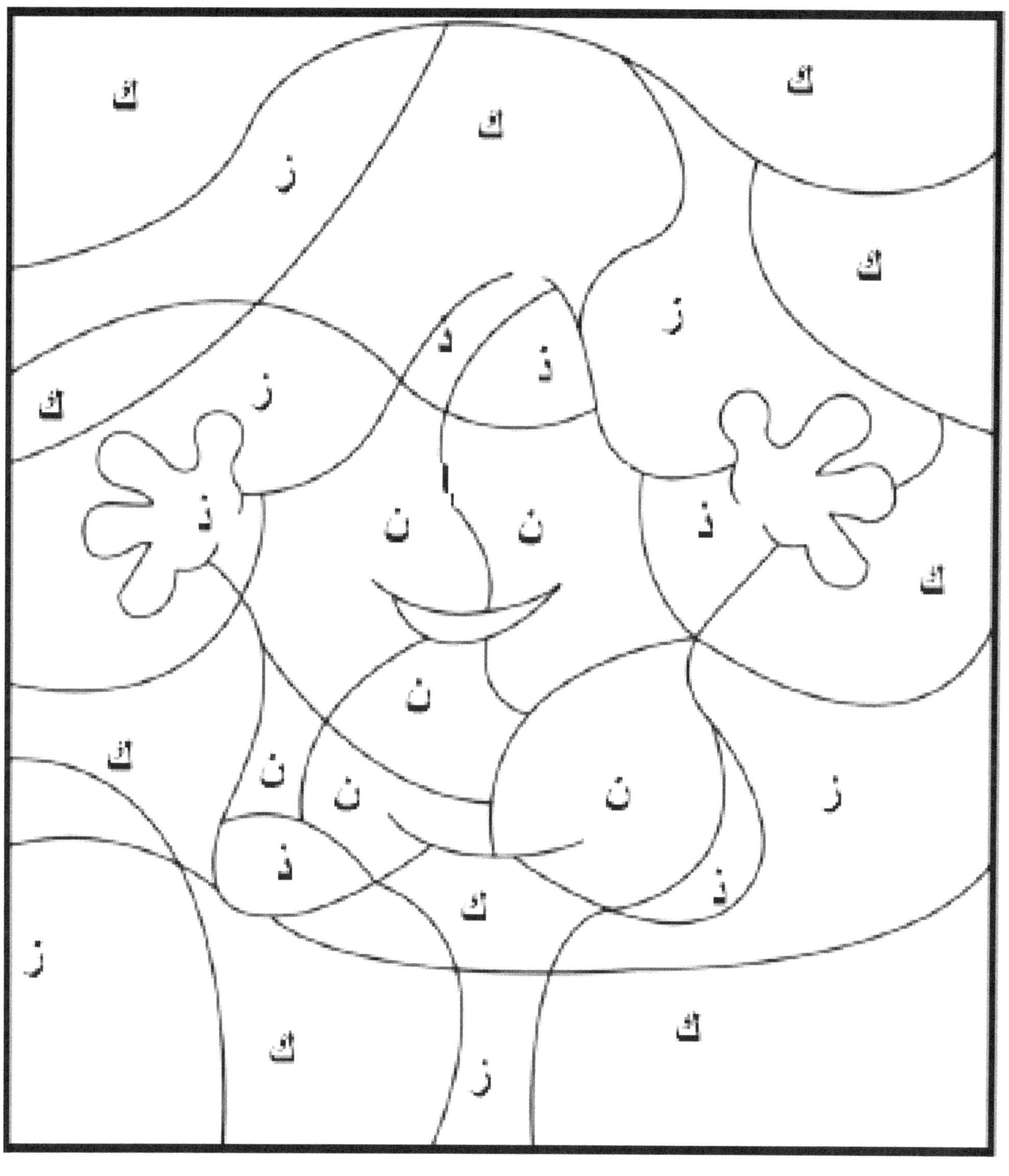

Entoure les images qui commencent par la lettre 

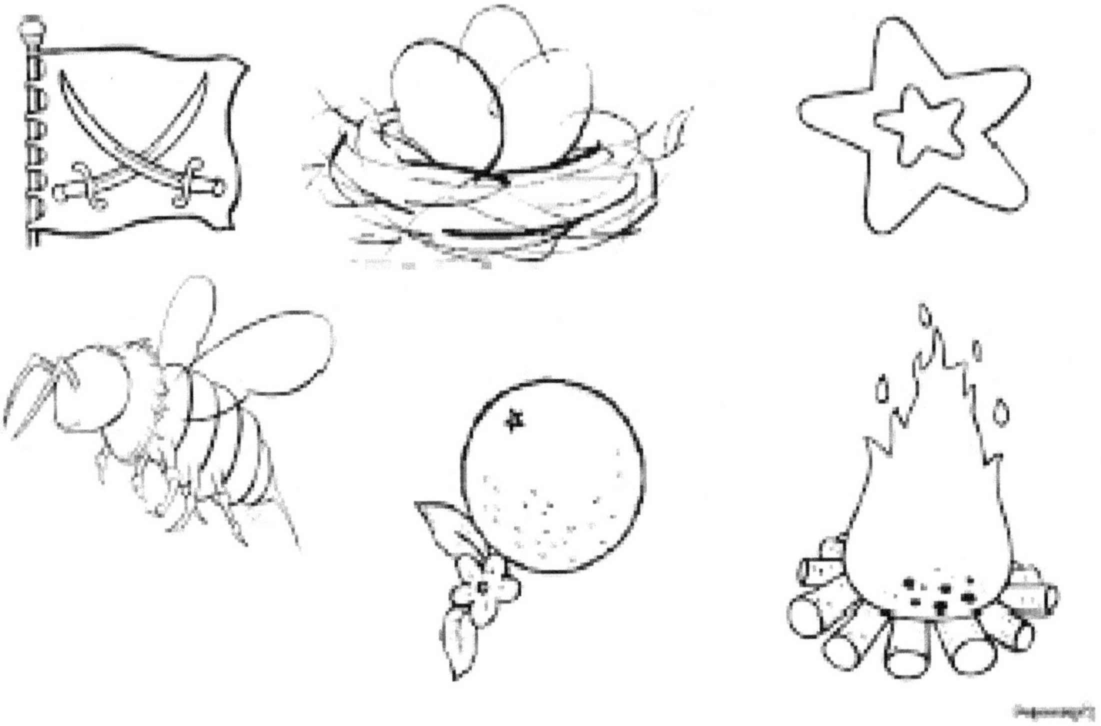

Écriture :

Colorie et entoure la lettre Noun dans les mots suivants :

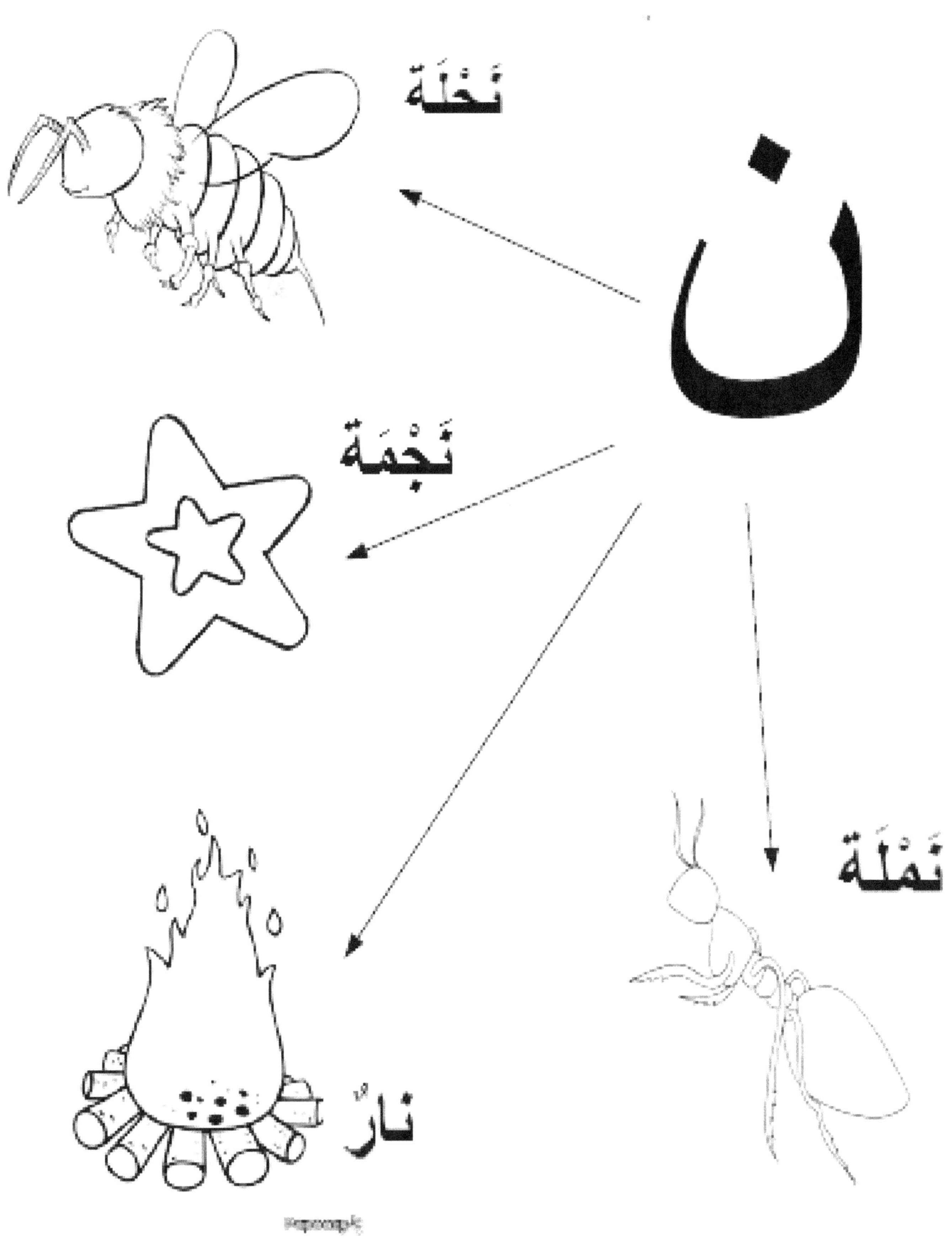

Trouve et entoure la lettre Mim :

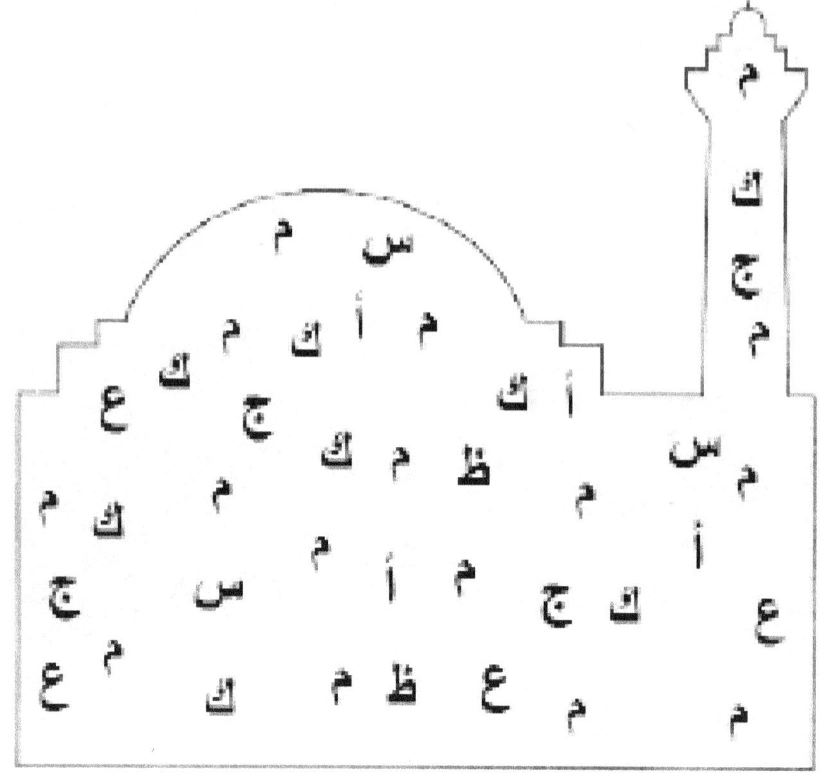

Colorie uniquement les triangles :

Entoure les images qui commencent par la lettre ?

Écriture :

Colorie et entoure la lettre Mim dans les mots suivants :

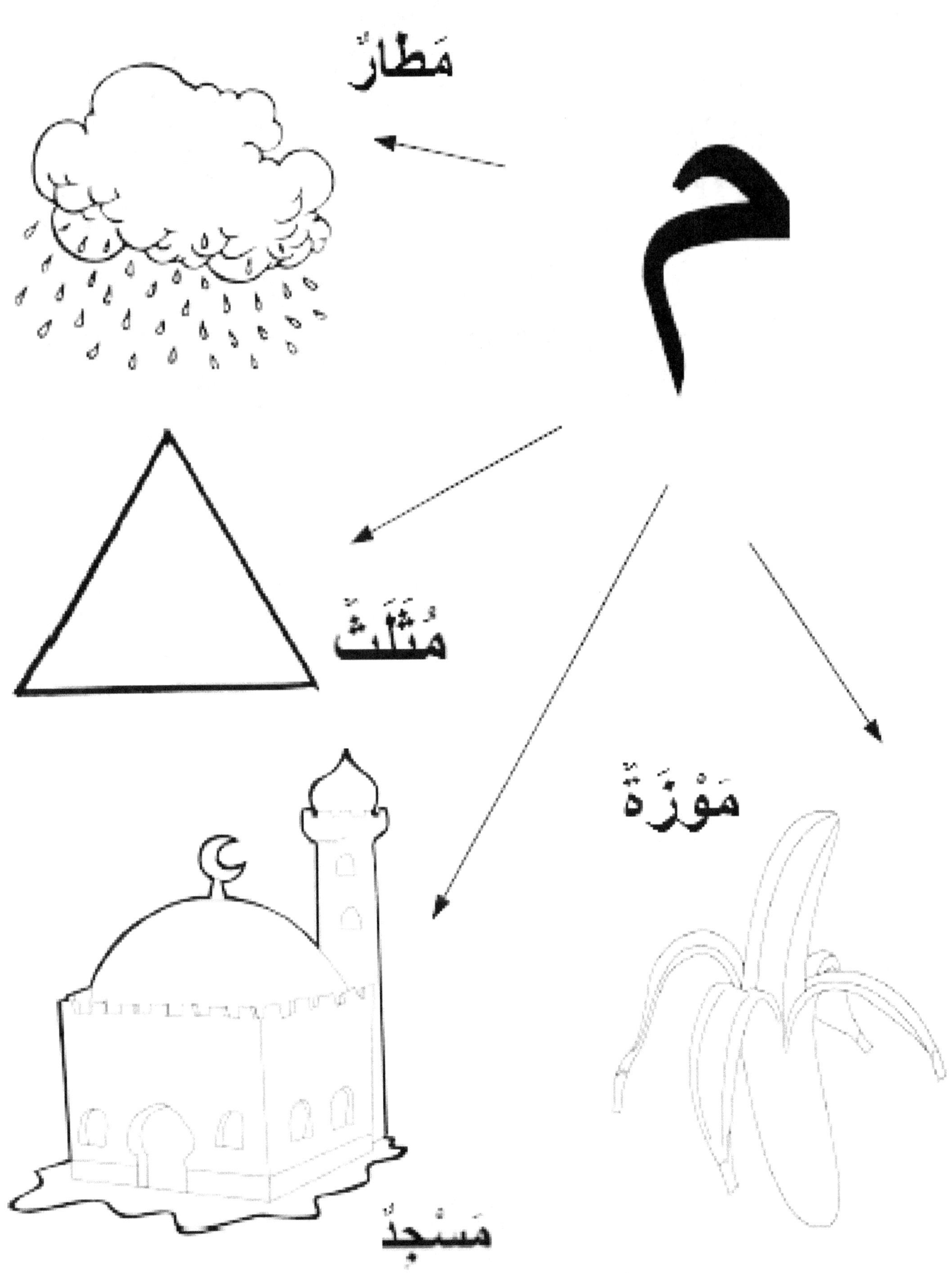

Il fait nuit, c'est l'heure de dormir.
Trouve le bon chemin qui conduit à la chambre ?

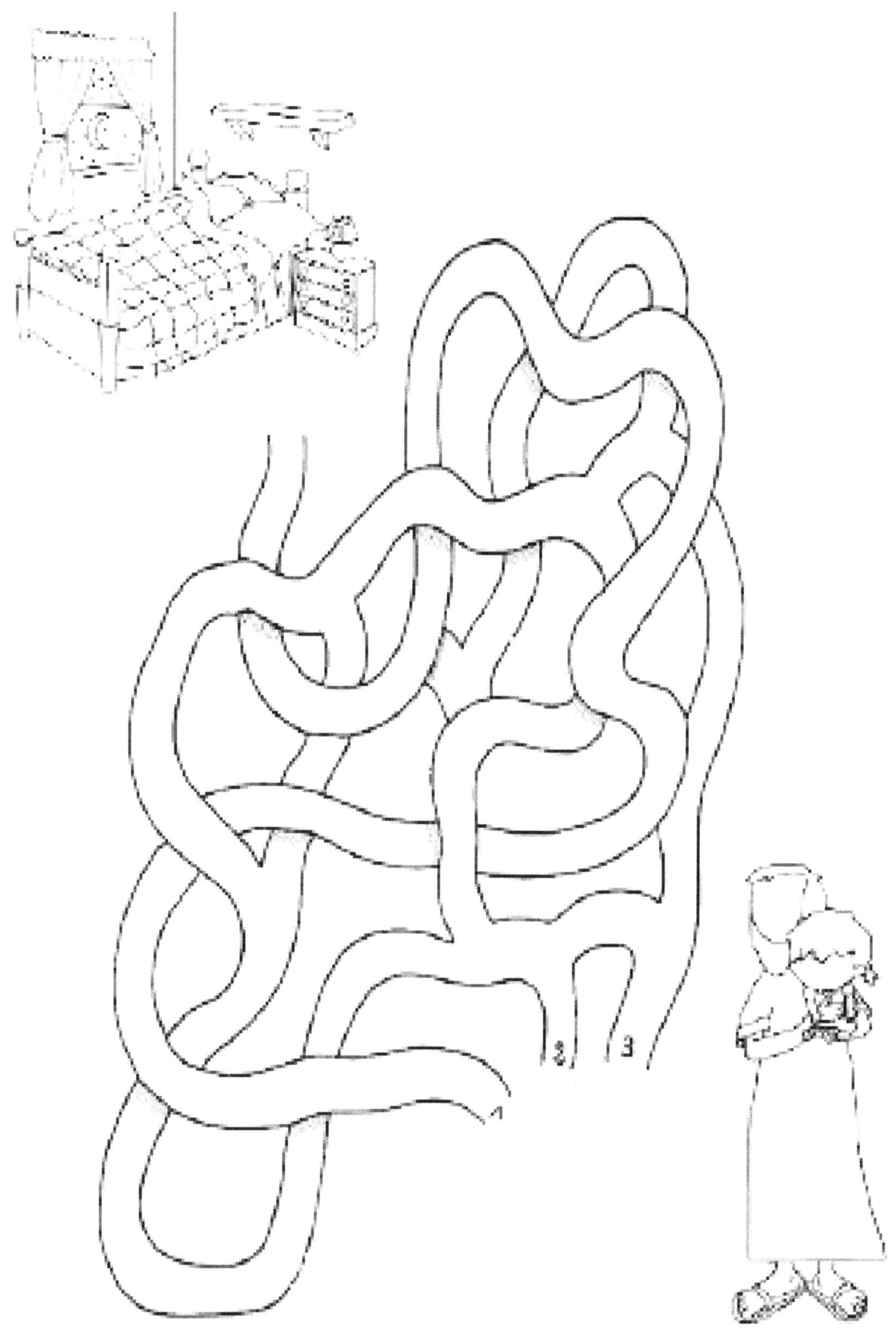

Entoure les images qui commencent par la lettre 

Écriture :

Colorie et entoure la lettre Lam dans les mots suivants :

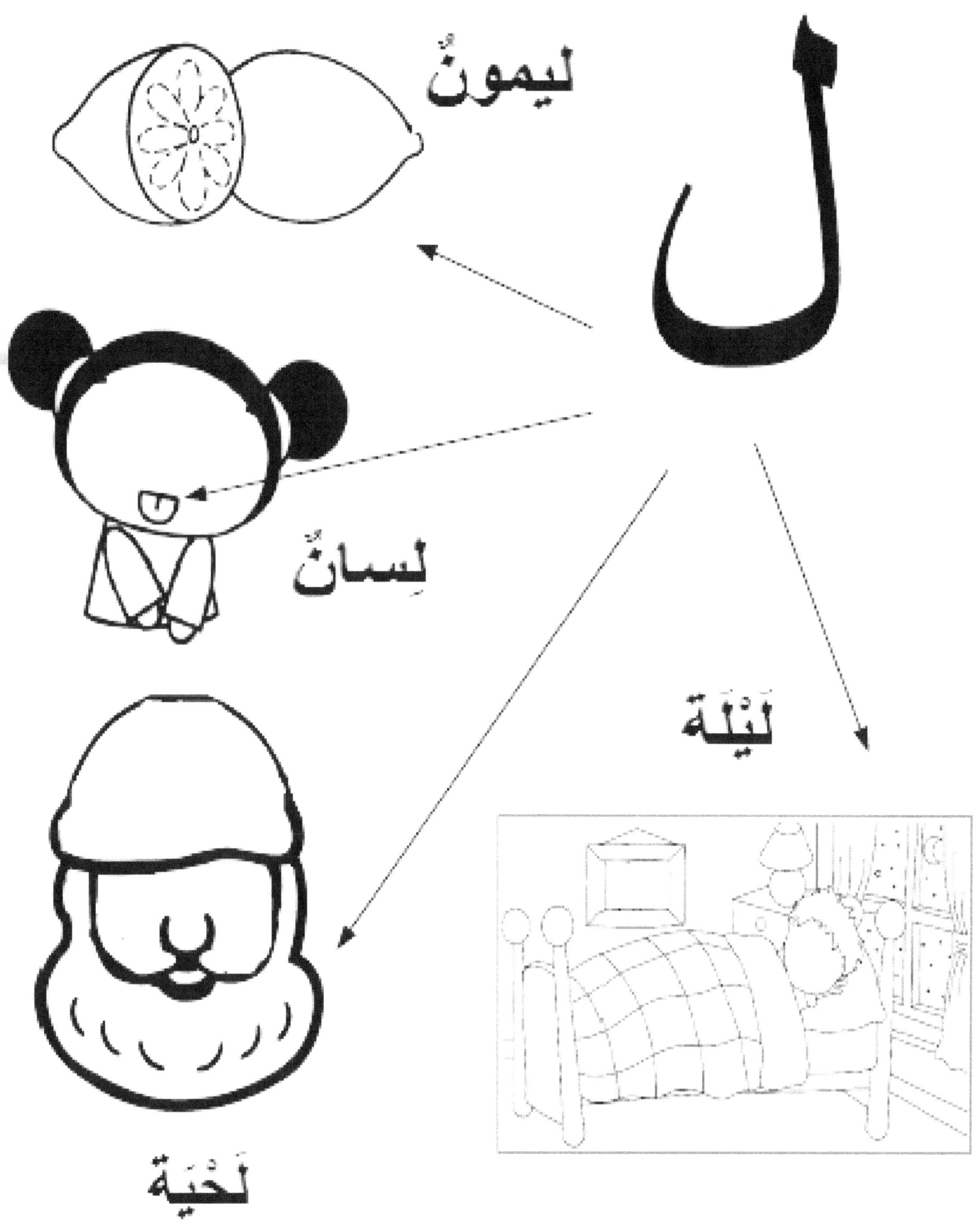

Décore les ballons en suivant le modèle :

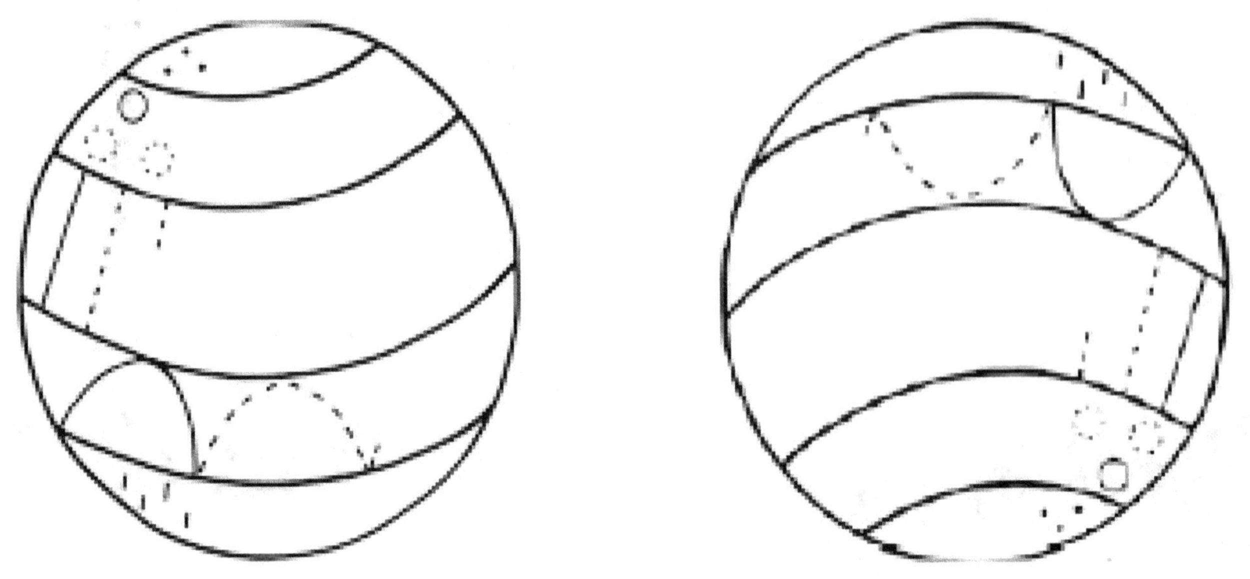

Trouve le chemin qui ouvrira le coffre au trésor.

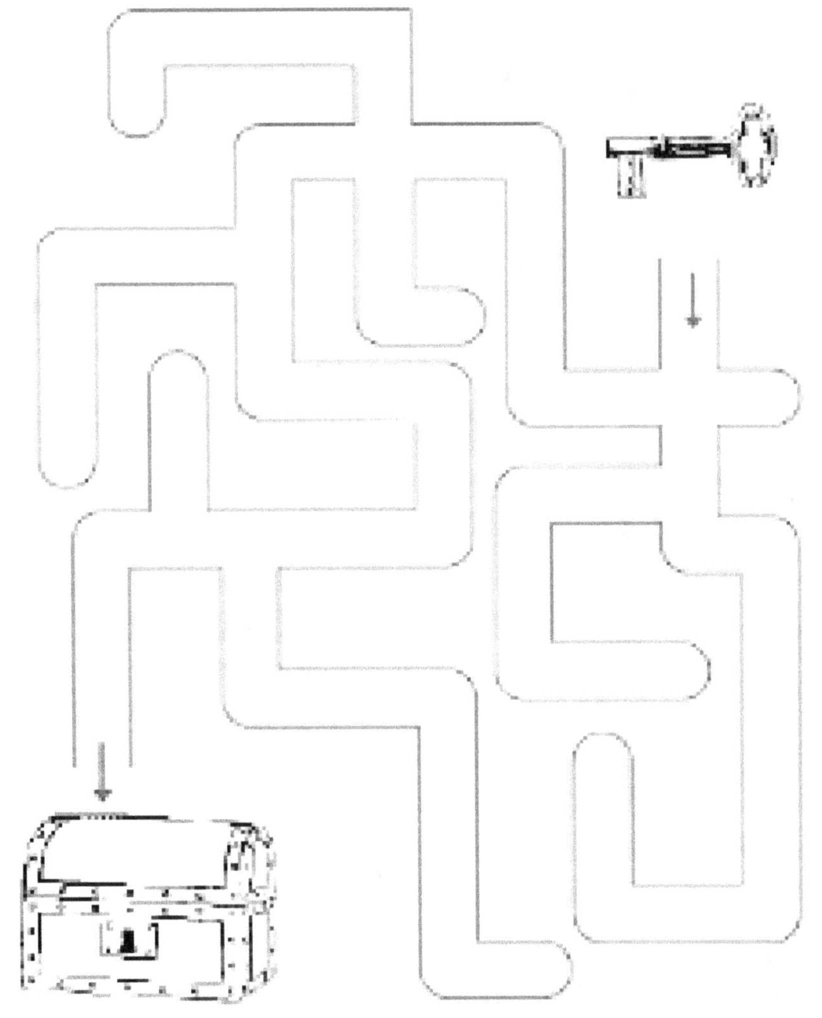

Entoure les images qui commencent par la lettre 

Écriture :

Colorie et entoure la lettre Kaf dans les mots suivants :

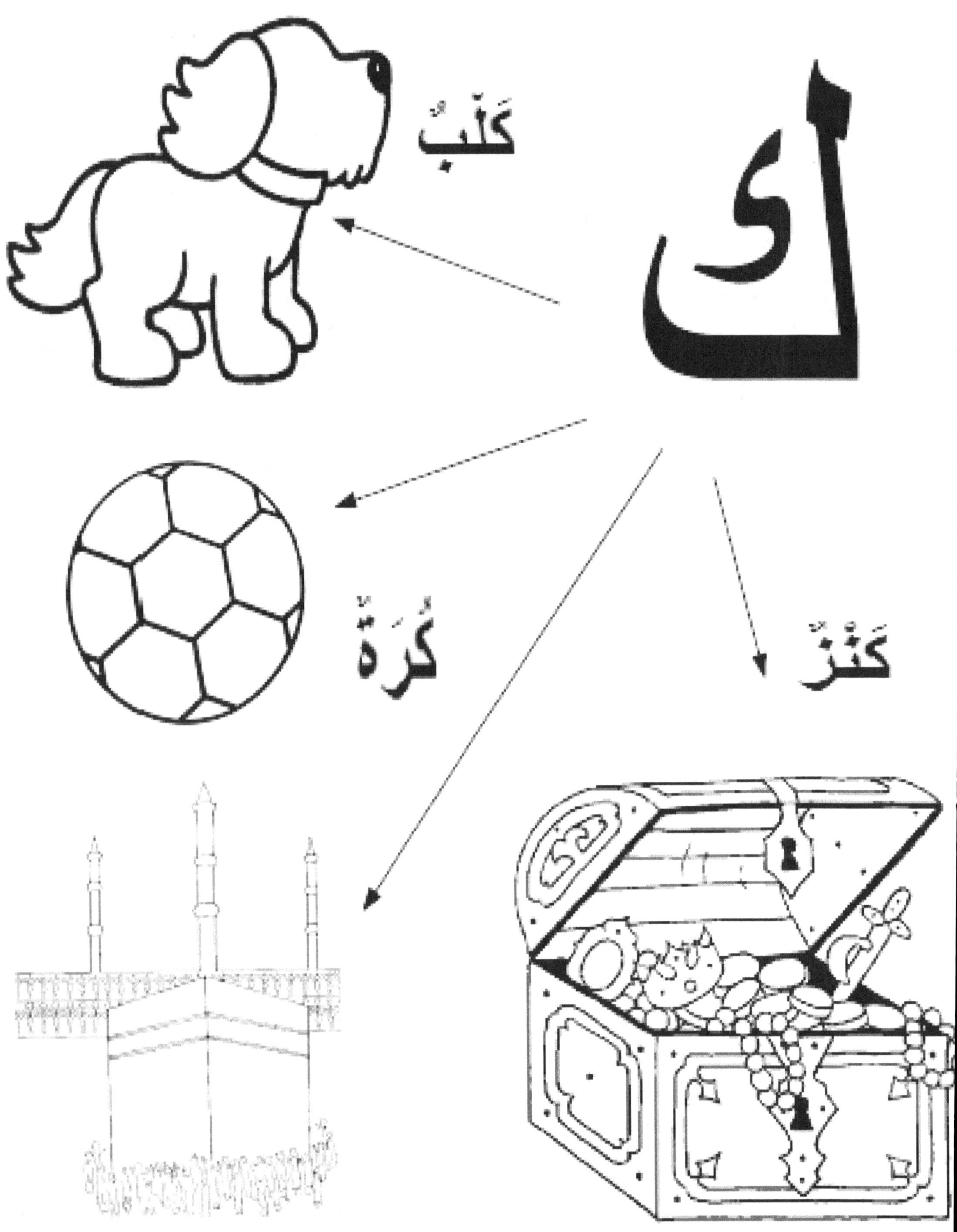

Entoure les images qui commencent par la lettre ف

Écriture :

Colorie et entoure la lettre Qâf dans les mots suivants :

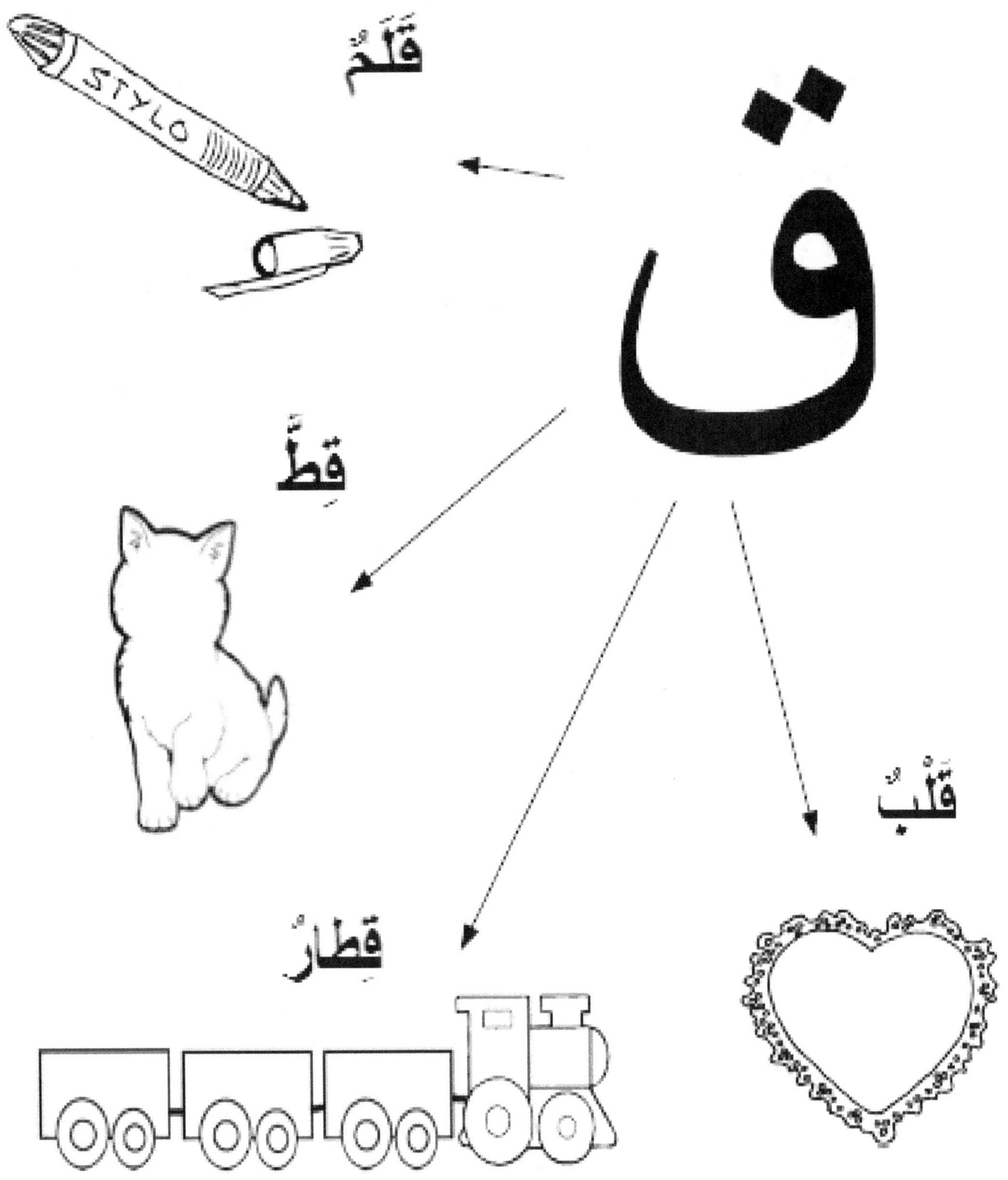

Entoure les images qui commencent par la lettre ف

Écriture :

Colorie et entoure la lettre Fa dans les mots suivants :

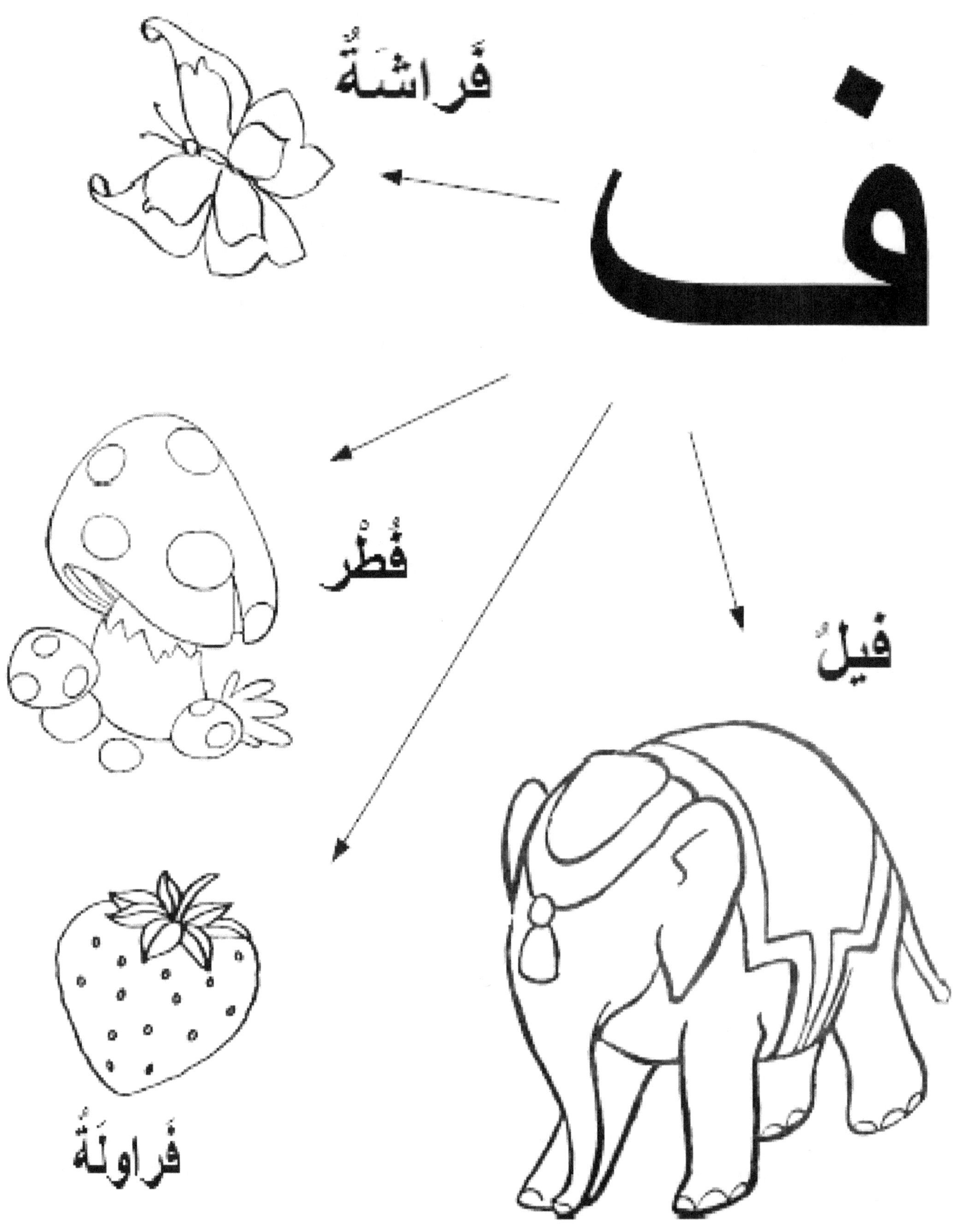

Entoure les images qui commencent par la lettre é

Écriture :

Colorie et entoure la lettre Ghayn dans les mots suivants :

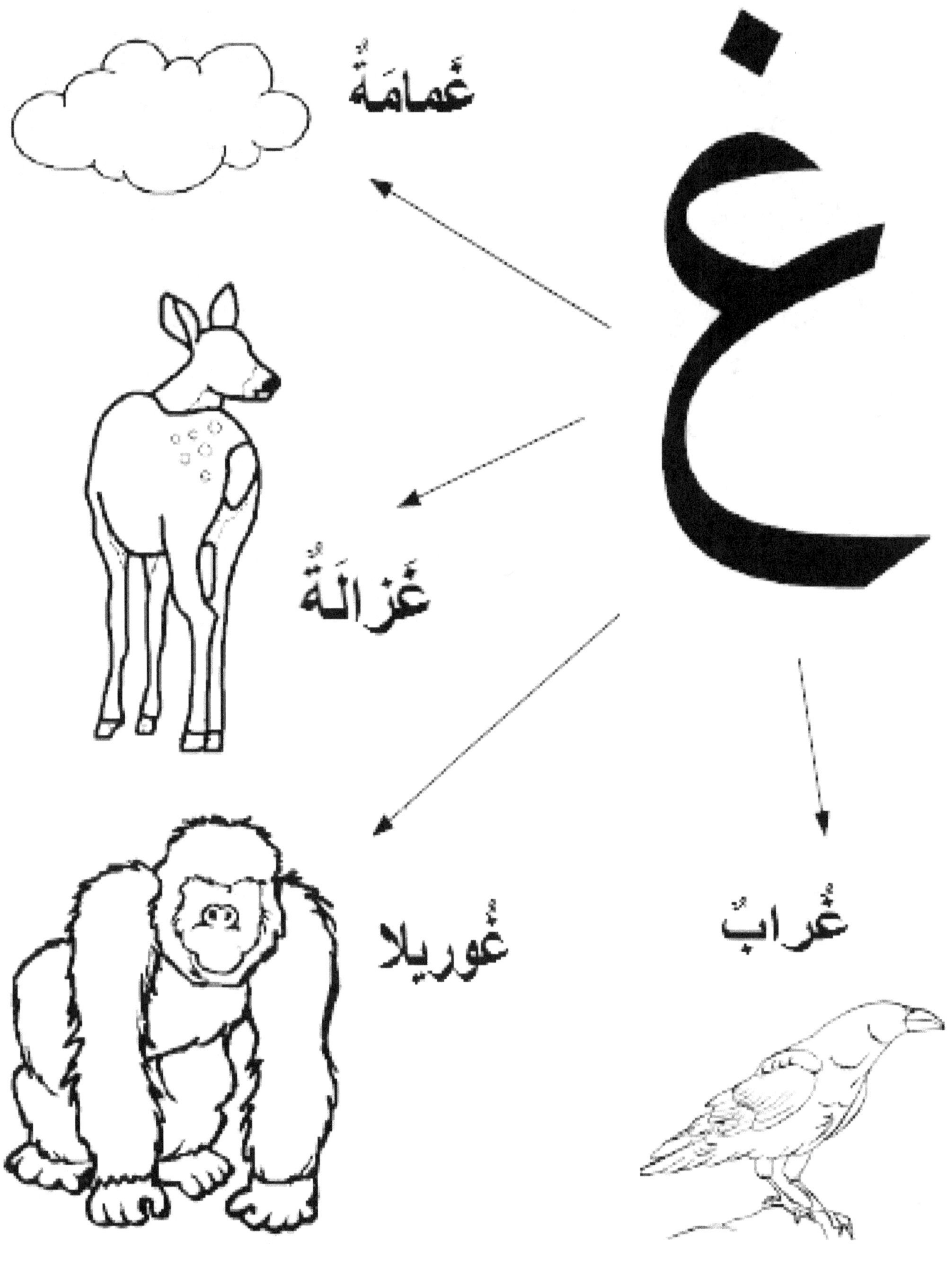

Entoure les images qui commencent par la lettre Ɛ

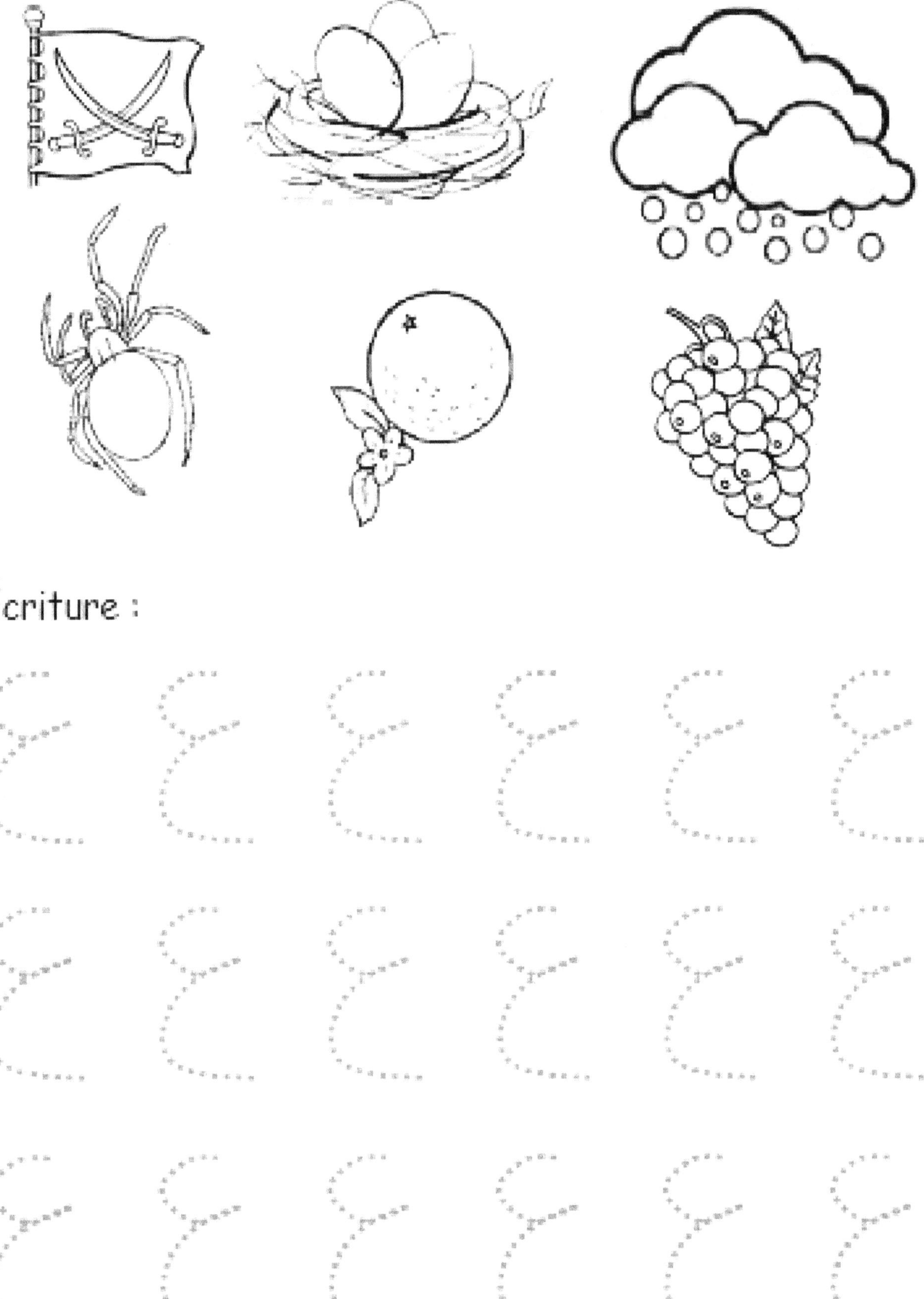

Écriture :

Colorie et entoure la lettre 'Ayin dans les mots suivants :

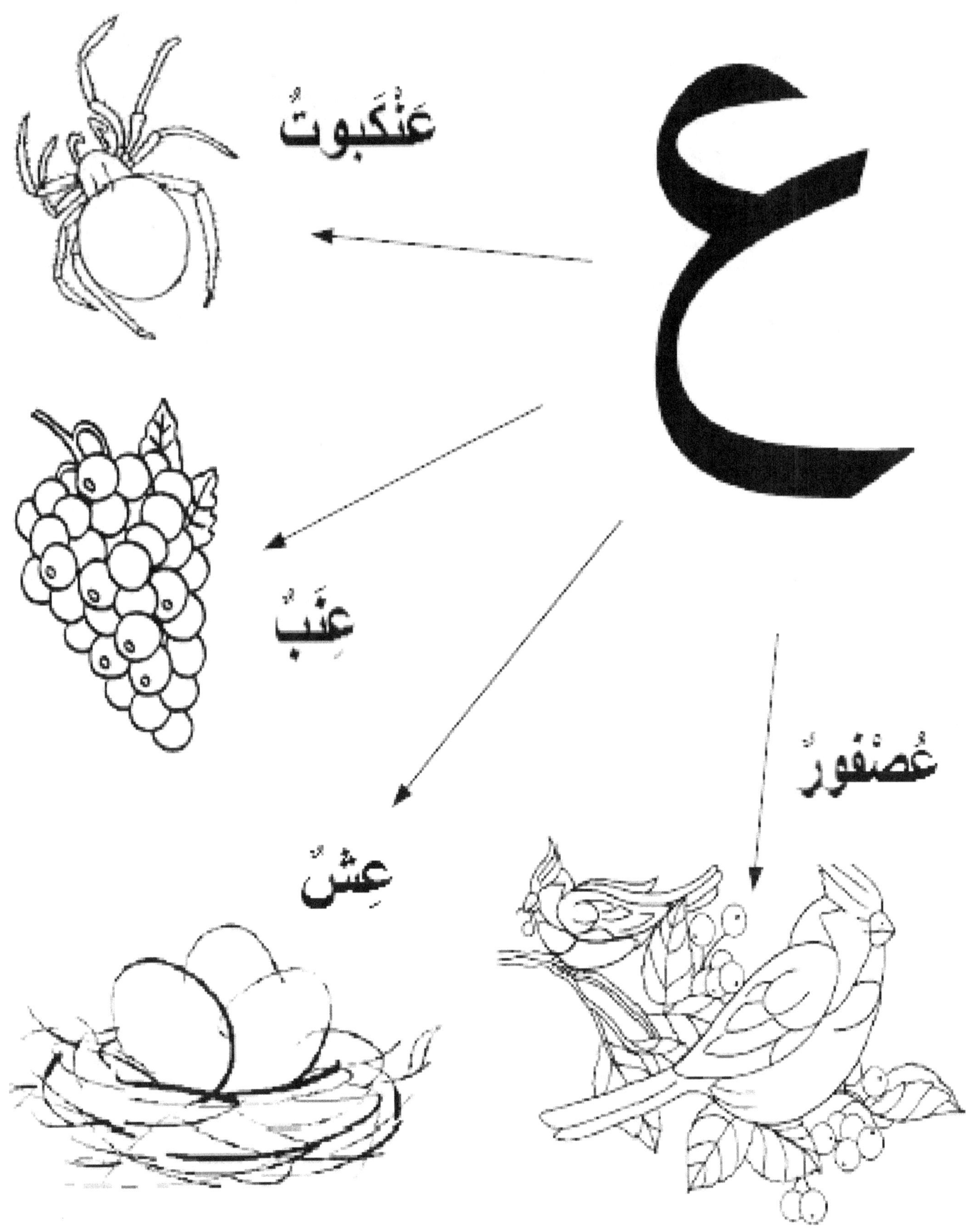

Entoure les images qui commencent par la lettre 

Écriture :

Colorie et entoure la lettre Dhâ dans les mots suivants :

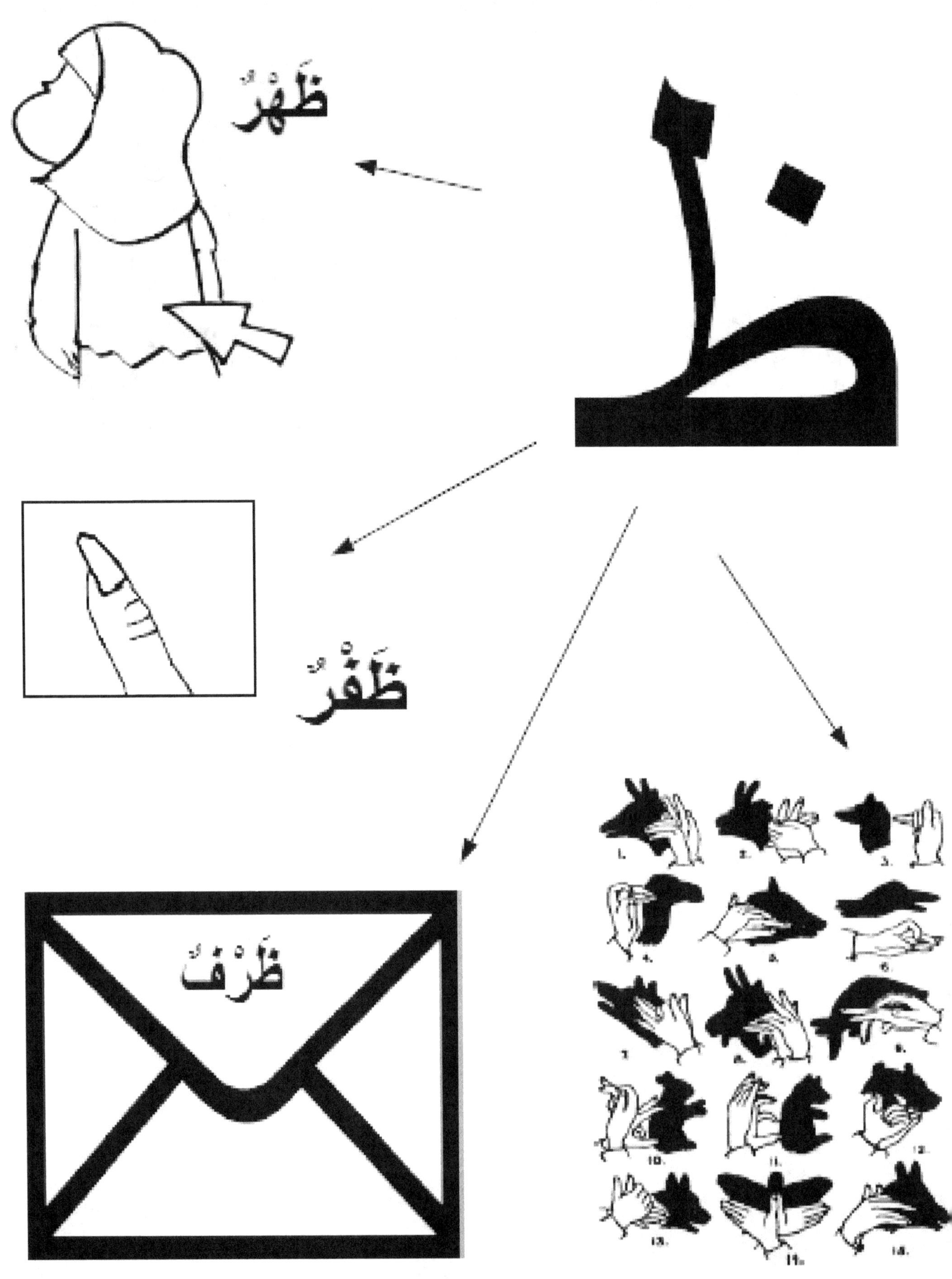

Entoure les images qui commencent par la lettre **b**

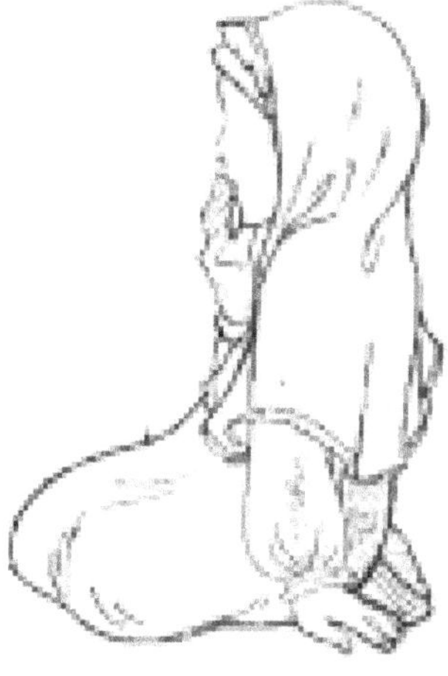

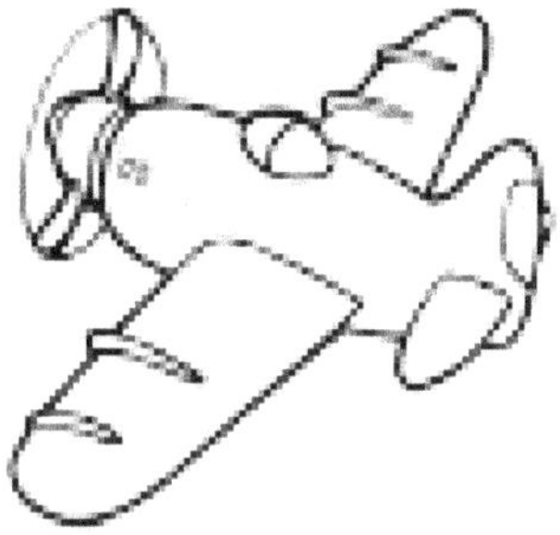

Écriture :

Colorie et entoure la lettre Tâ dans les mots suivants :

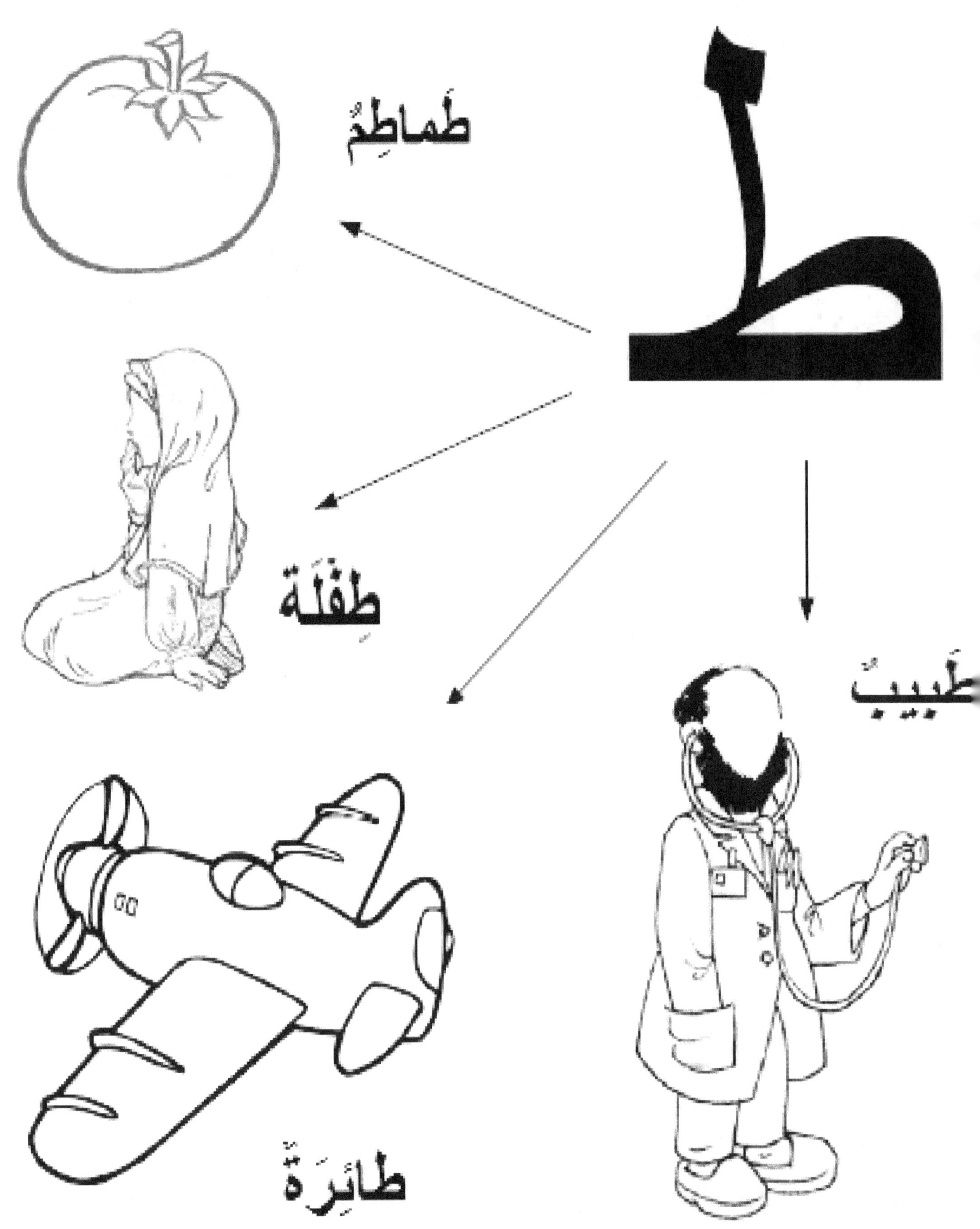

Entoure les images qui commencent par la lettre ض

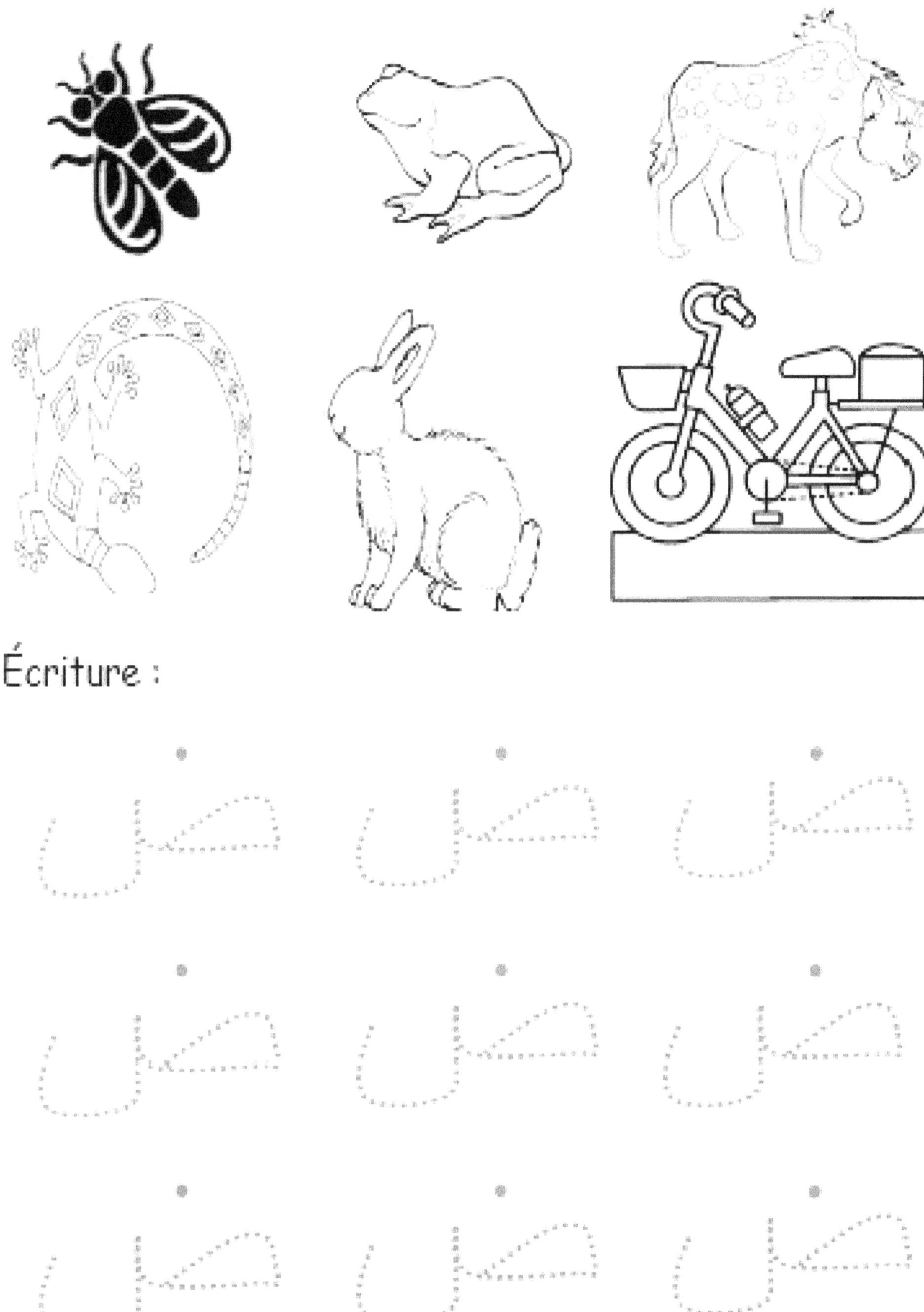

Écriture :

Colorie et entoure la lettre Dâd dans les mots suivants :

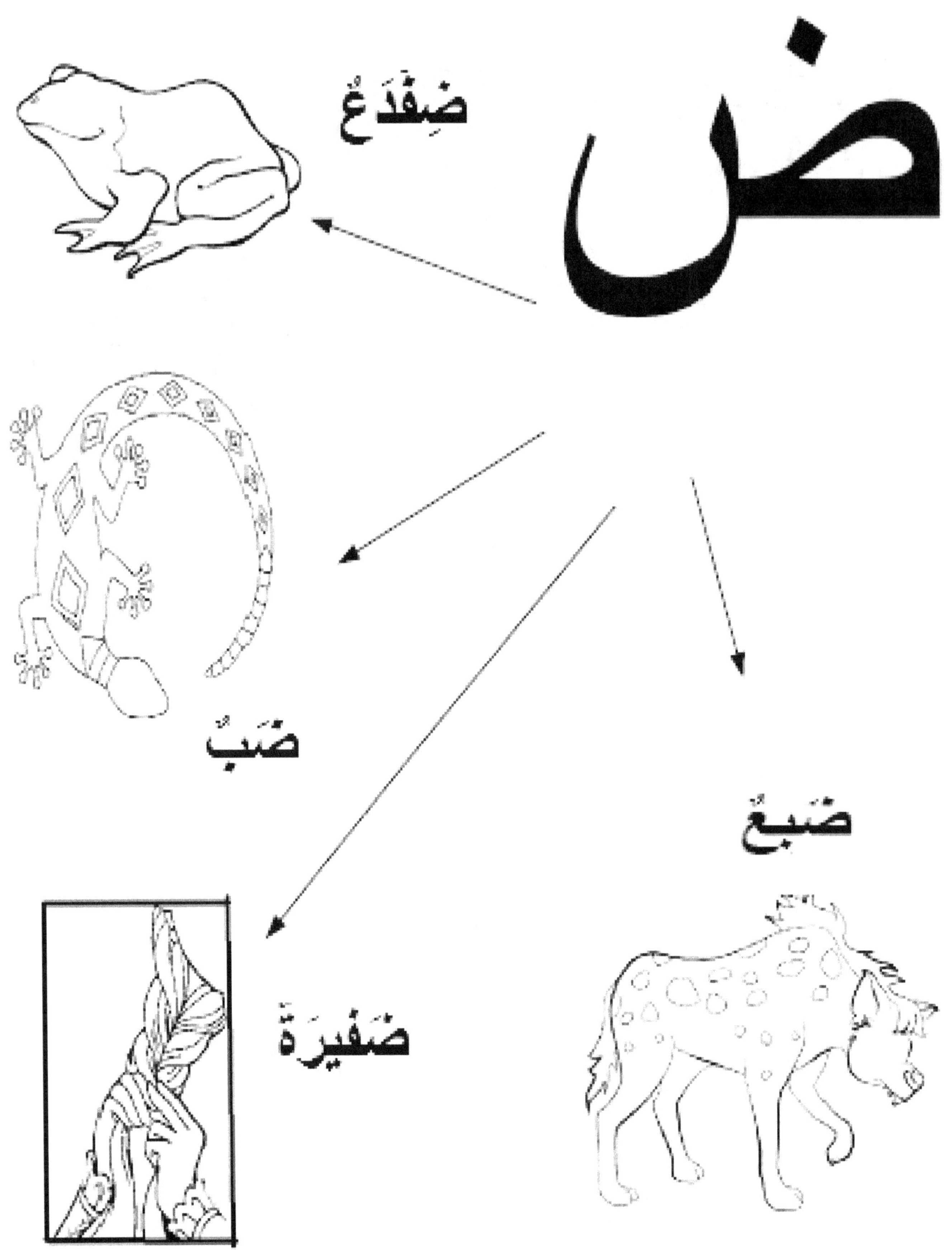

Entoure les images qui commencent par la lettre ص

Écriture :

Colorie et entoure la lettre Sad dans les mots suivant :

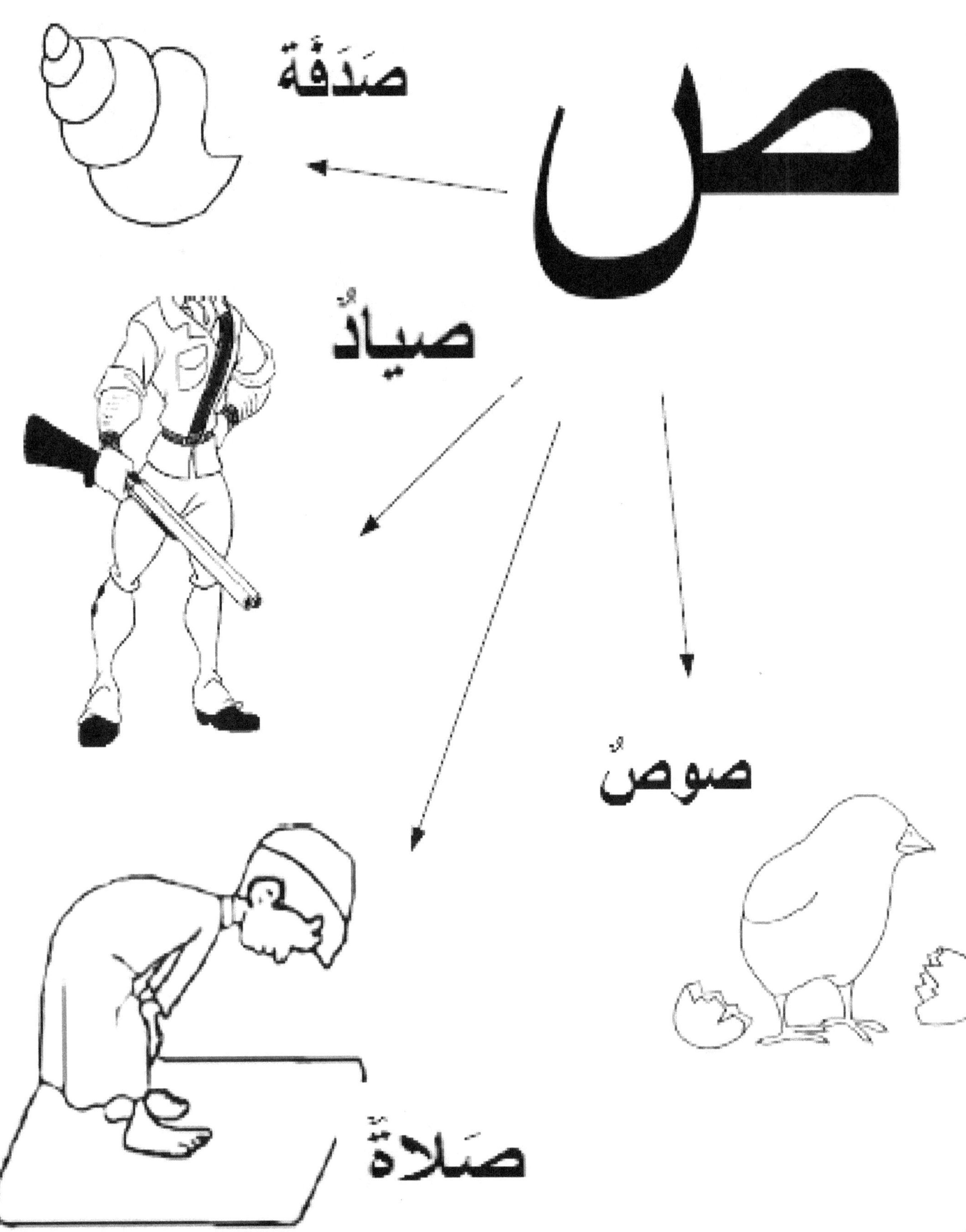

Entoure les images qui commencent par la lettre ش

Écriture :

Colorie et entoure la lettre Chin dans les mots suivant :

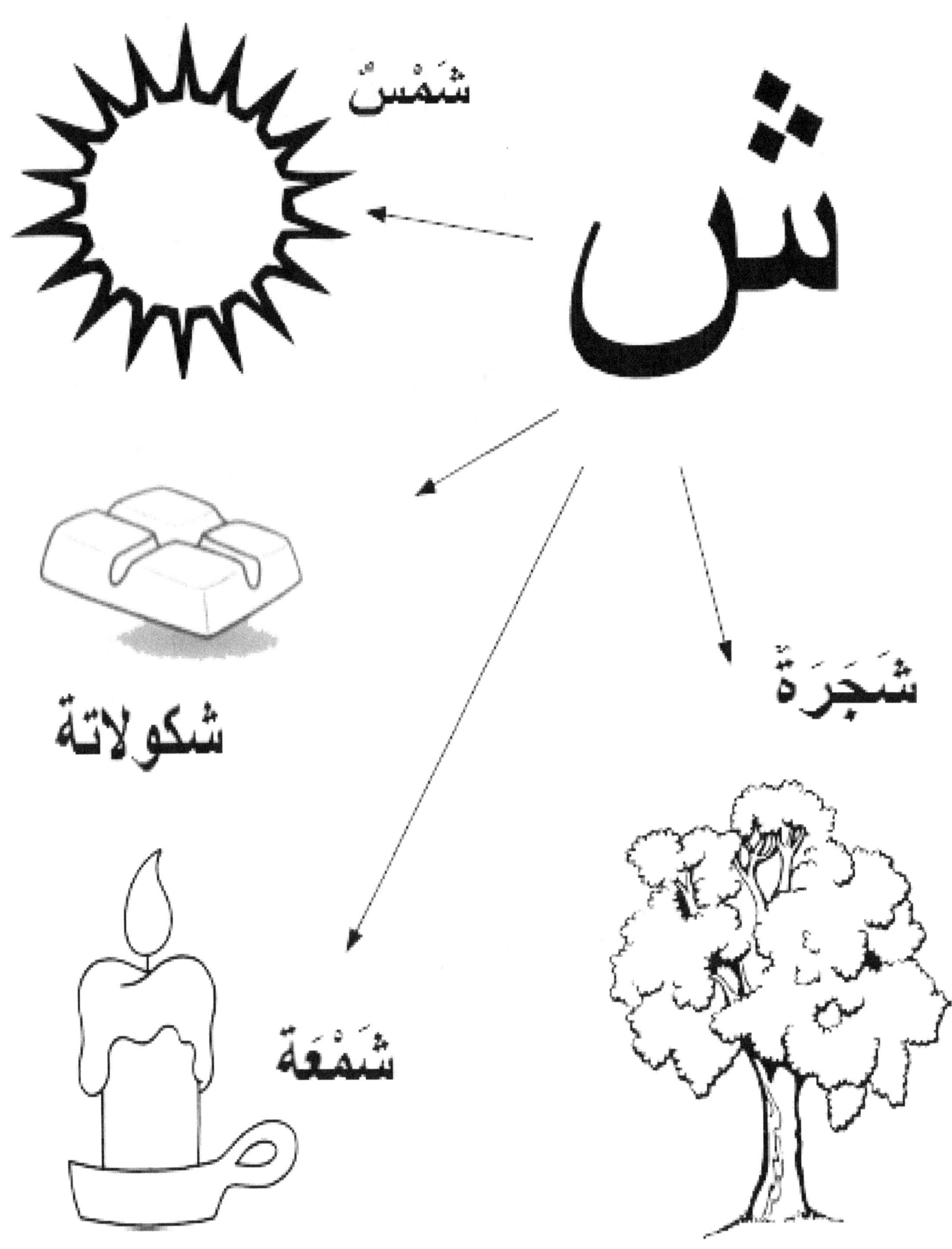

Entoure les images qui commencent par la lettre س

Écriture :

Colorie et entoure la lettre Sin dans les mots suivant :

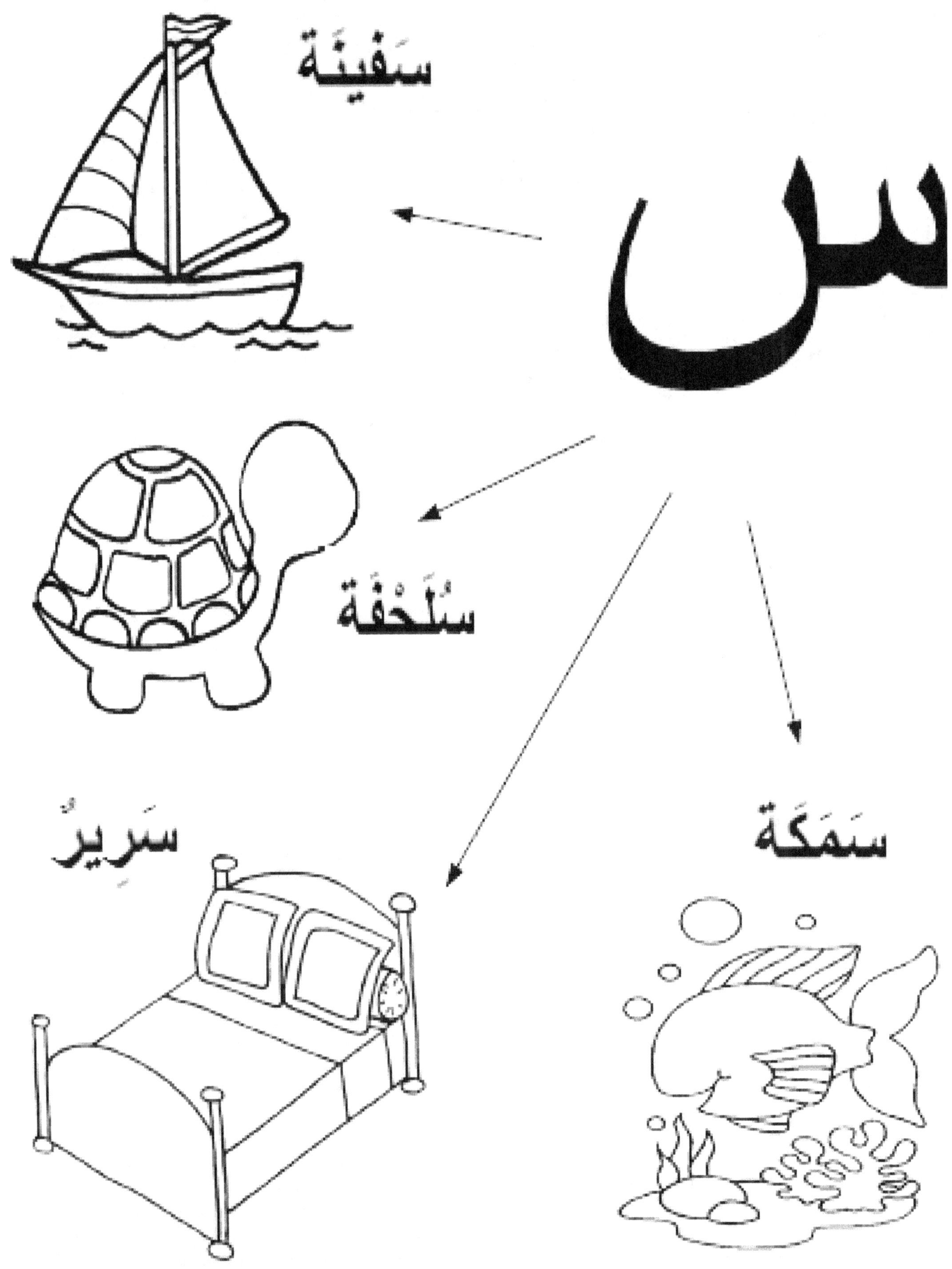

Entoure les images qui commencent par la lettre j

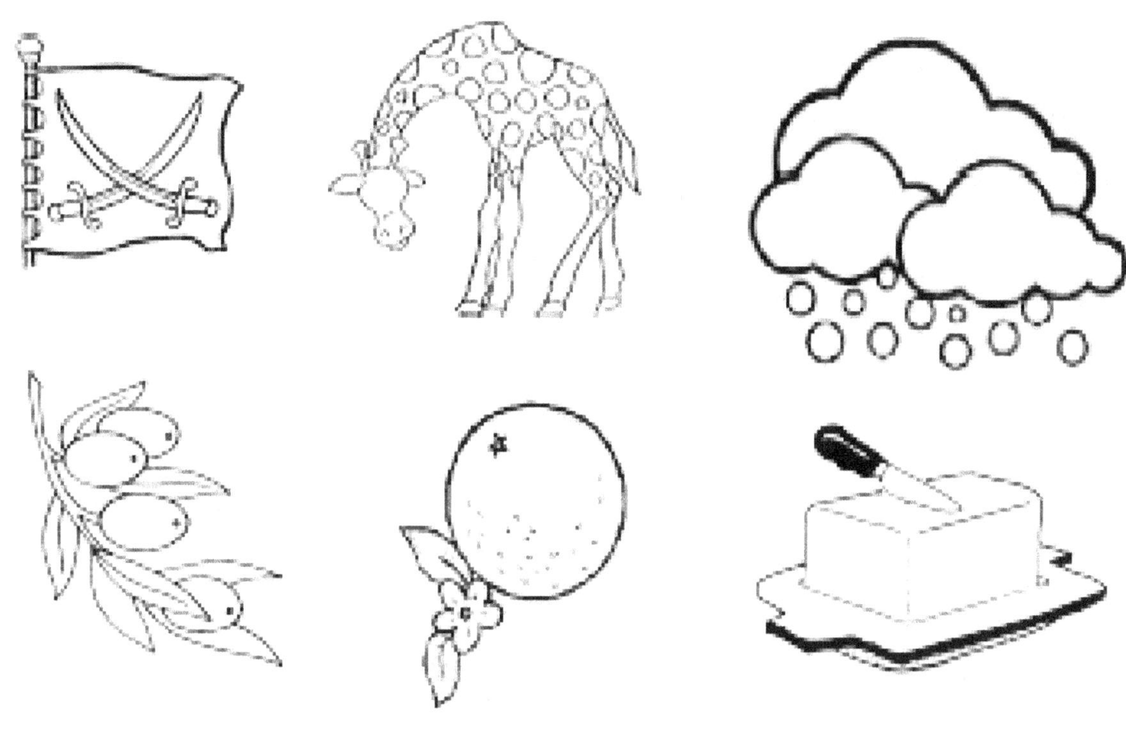

Écriture :

Colorie et entoure la lettre Zay dans les mots suivant :

Entoure les images qui commencent par la lettre ج

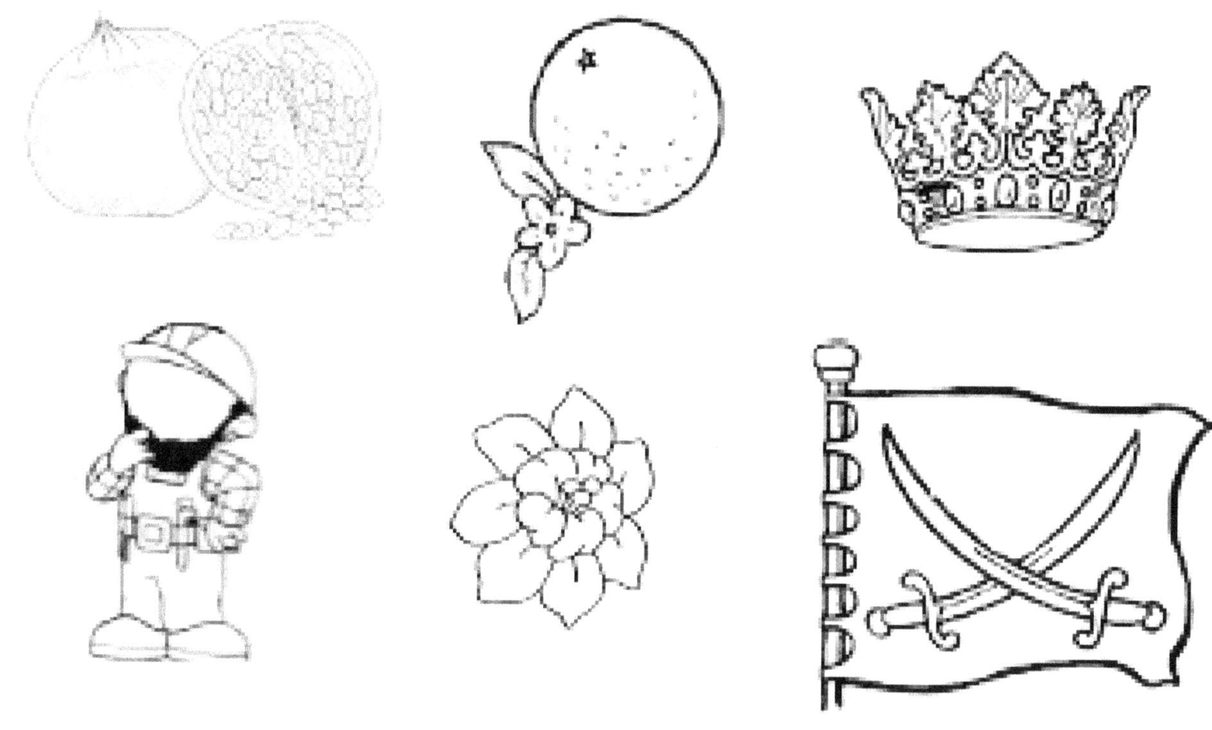

Écriture :

Colorie et entoure la lettre Ra dans les mots suivant :

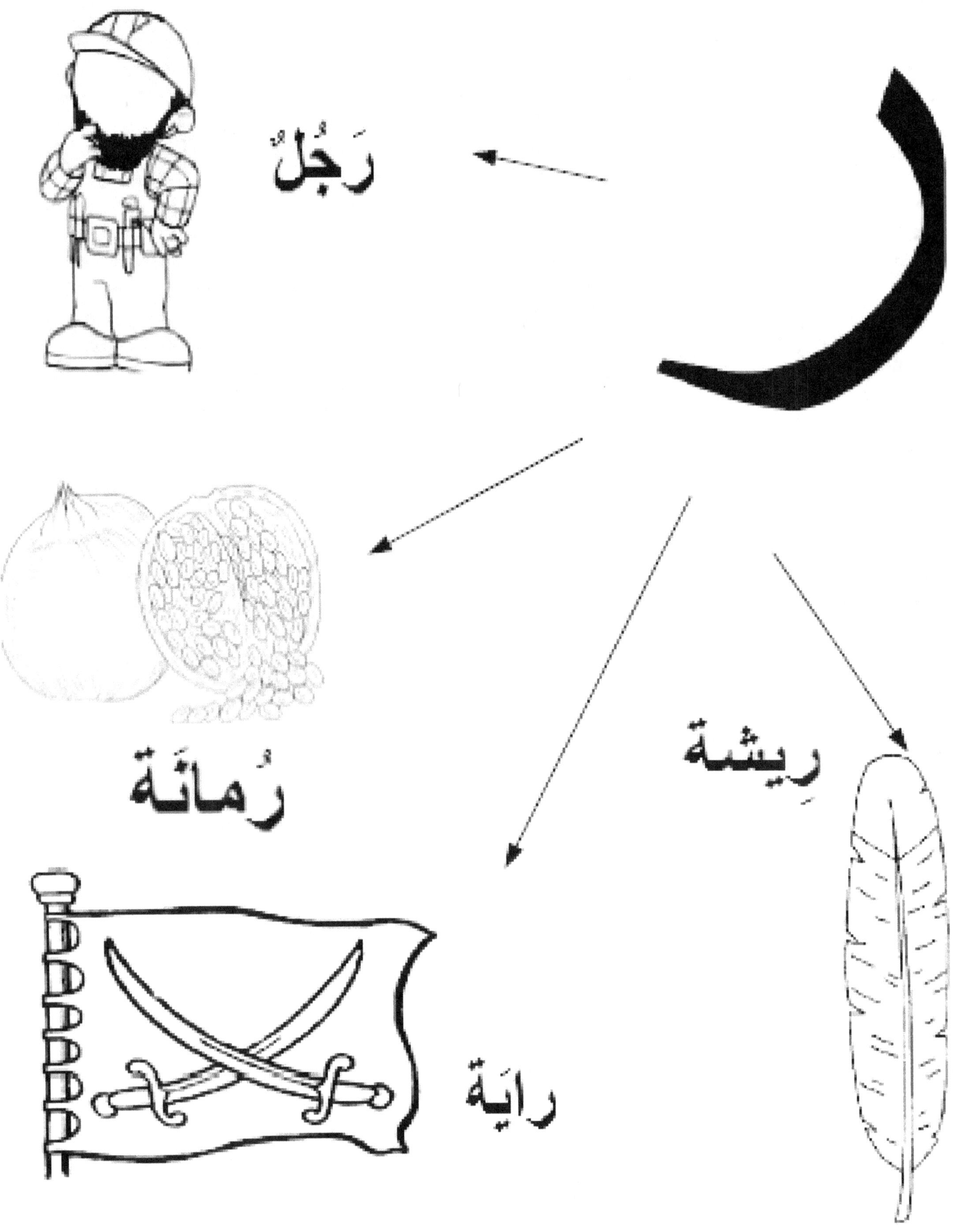

Entoure les images qui commencent par la lettre ذ

Écriture :

Colorie et entoure la lettre Dhal dans les mots suivant :

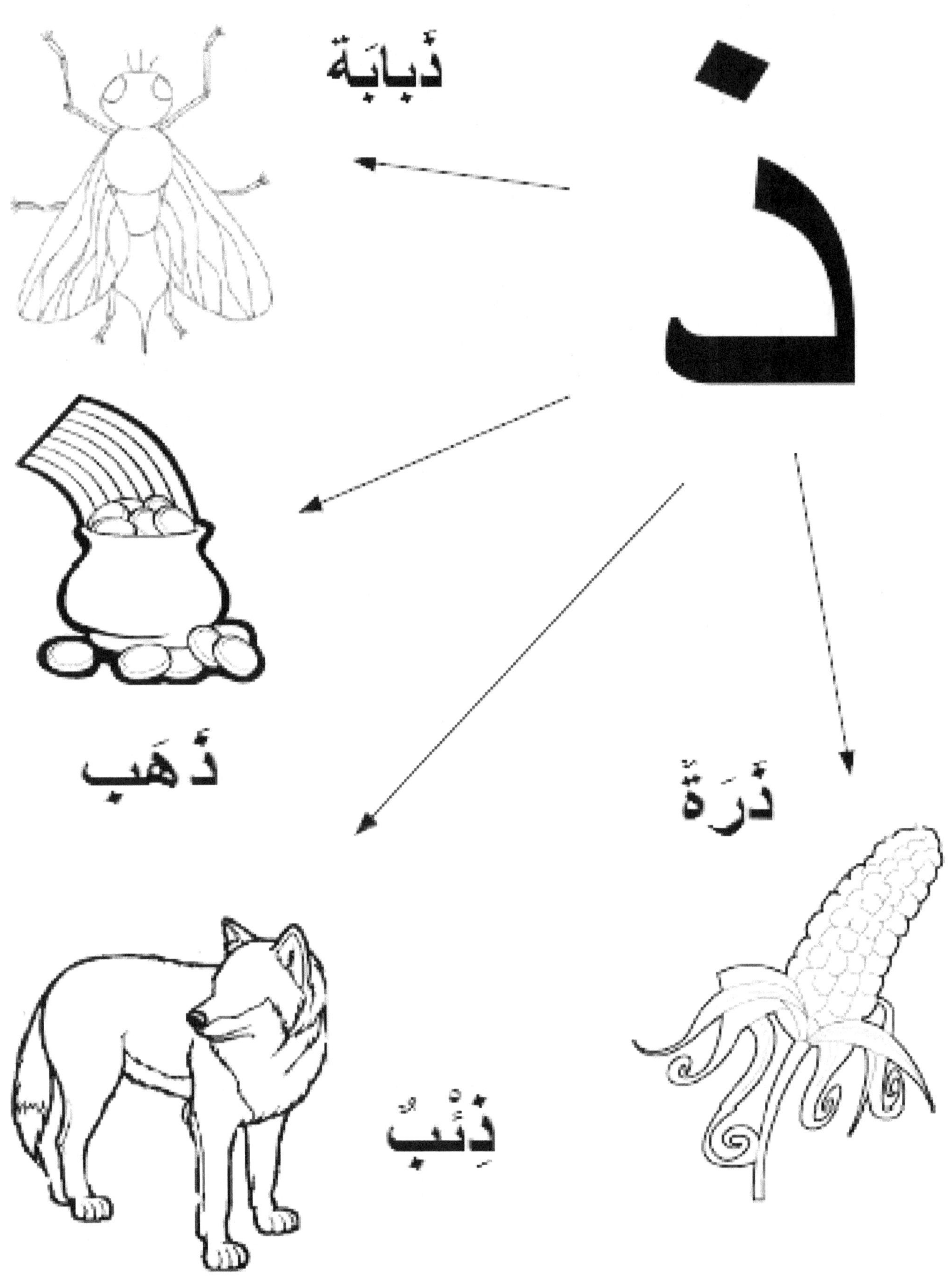

Entoure les images qui commencent par la lettre ﬃ

Écriture :

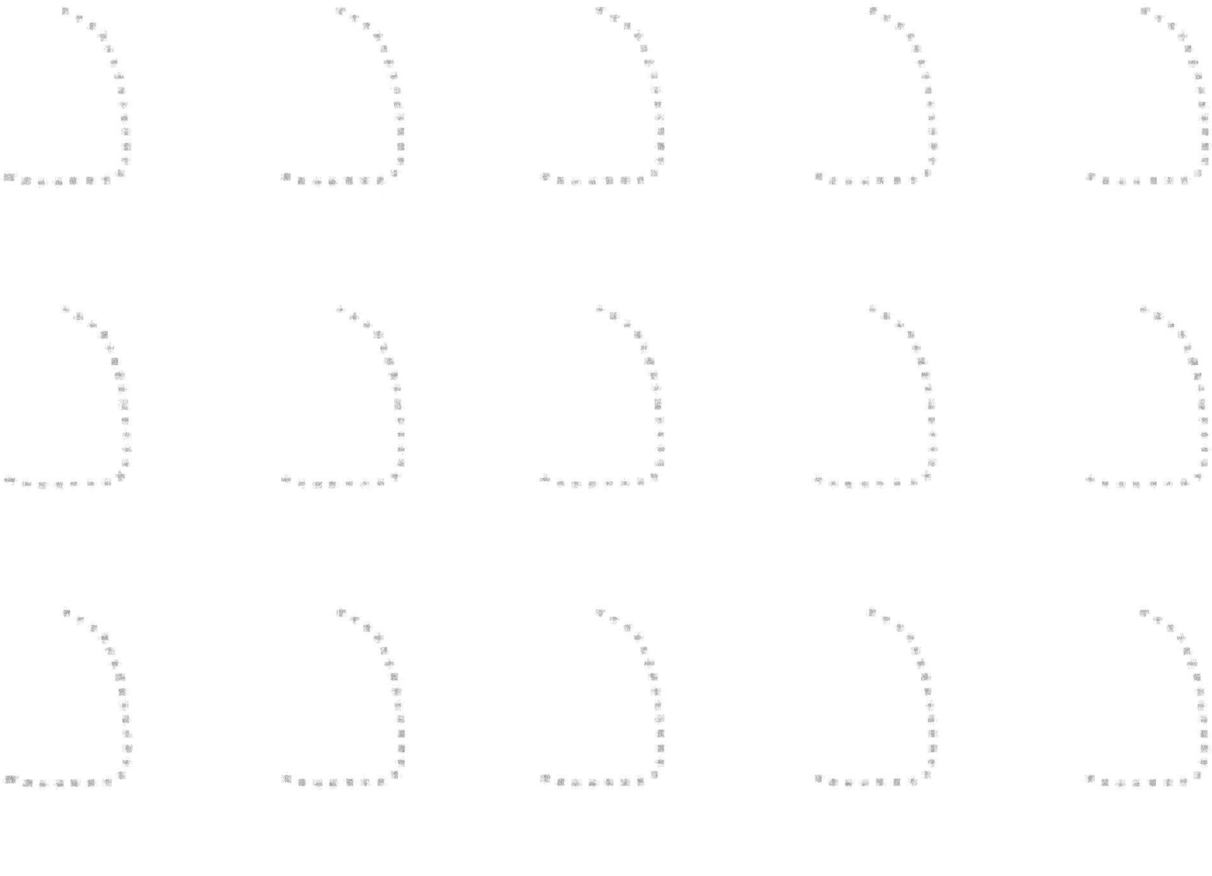

Colorie et entoure la lettre Dal dans les mots suivant :

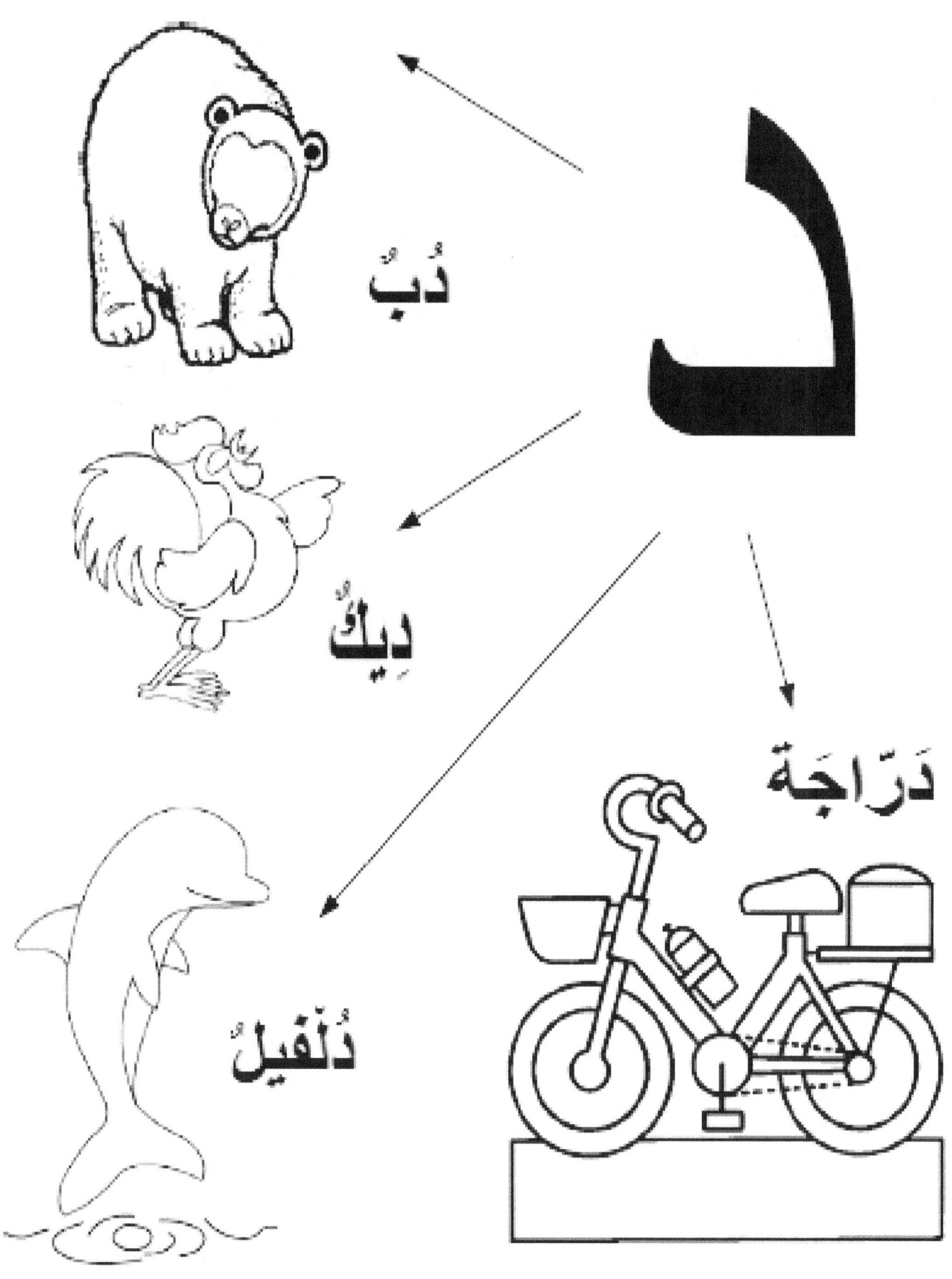

Entoure les images qui commencent par la lettre ﻭ

Écriture :

Colorie et entoure la lettre Waw dans les mots suivants :

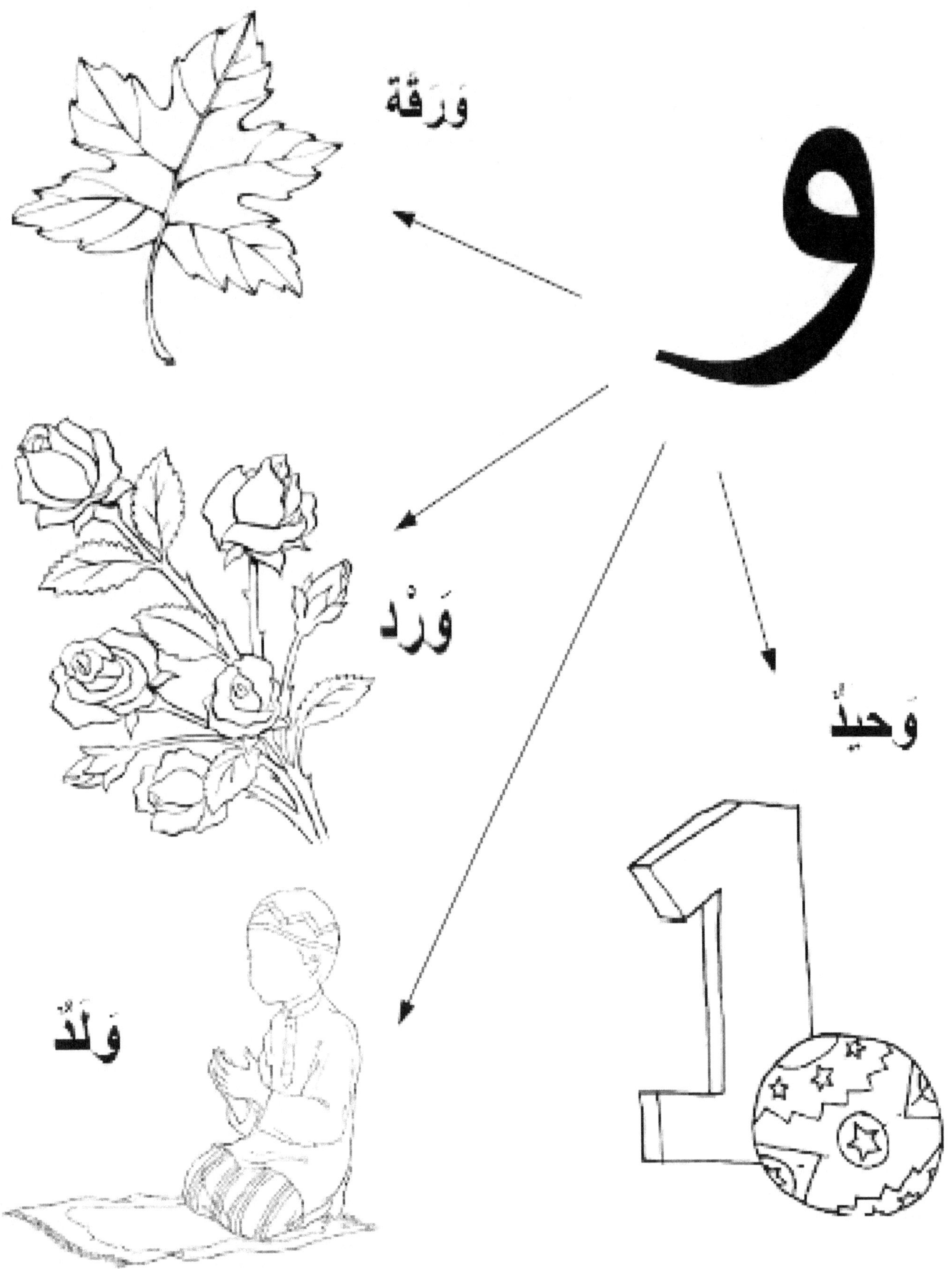

Entoure les images qui commencent par la lettre ي

Écriture :

Colorie et entoure la lettre Ya dans les mots suivants :

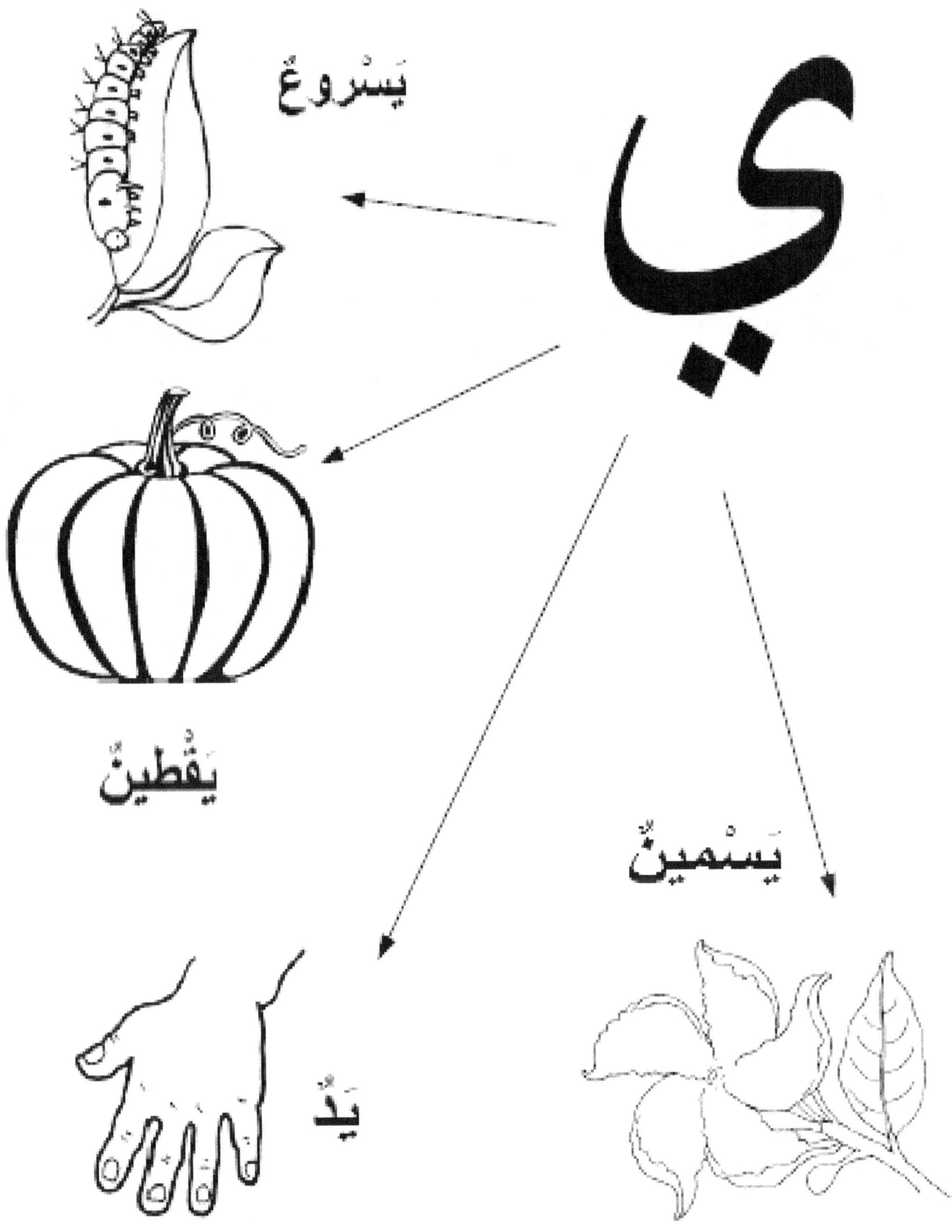

Colorie et entoure la lettre alif dans les mots suivants :

Entoure les images qui commencent par la lettre ﺕ

Écriture :

Colorie et entoure la lettre Tha dans les mots suivants :

Entoure les images qui commencent par la lettre  ث

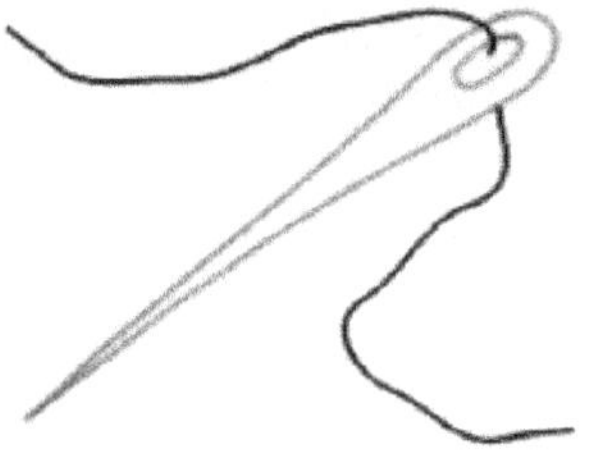

Écriture :

Colorie et entoure la lettre djim dans les mots suivants :

Entoure les images qui commencent par la lettre ح

Écriture :

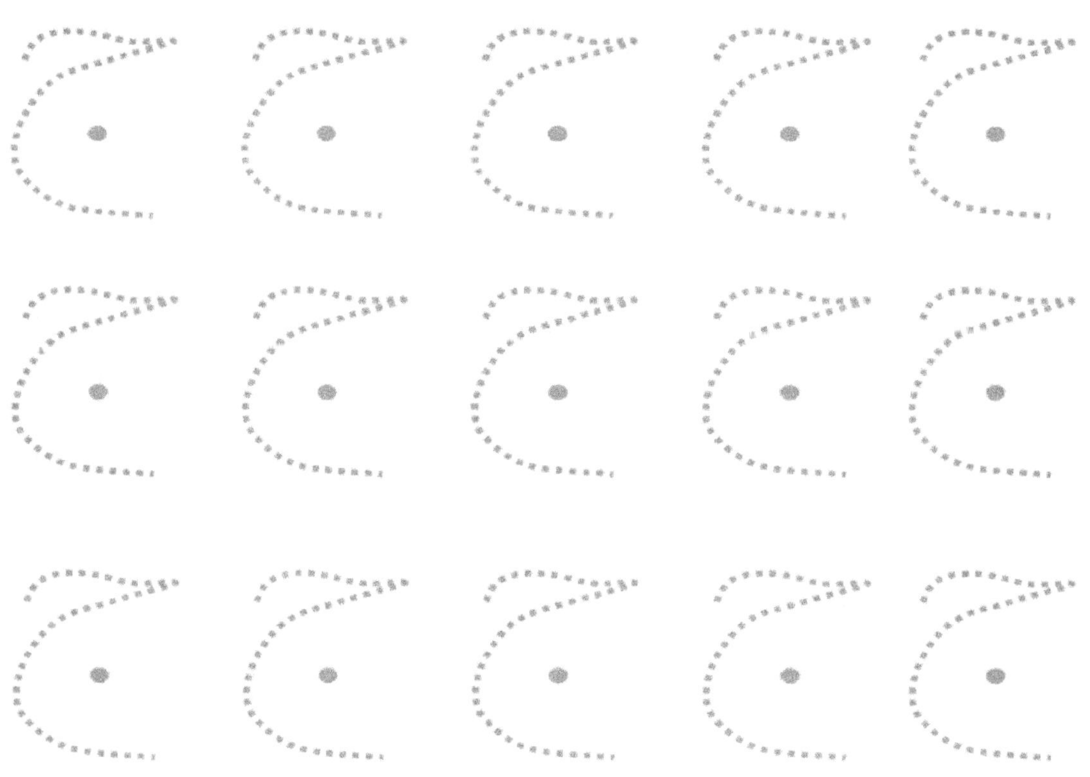

Colorie et entoure la lettre Hâ dans les mots suivants :

Colorie les cases avec des Hâ :

Écriture :

Entoure la lettre kha :

Aide « Chipy » à retrouver sa maman.

Colorie la peau du serpent avec un tha :

Entoure les flocons de neige avec un tha :

Entoure la lettre alif :

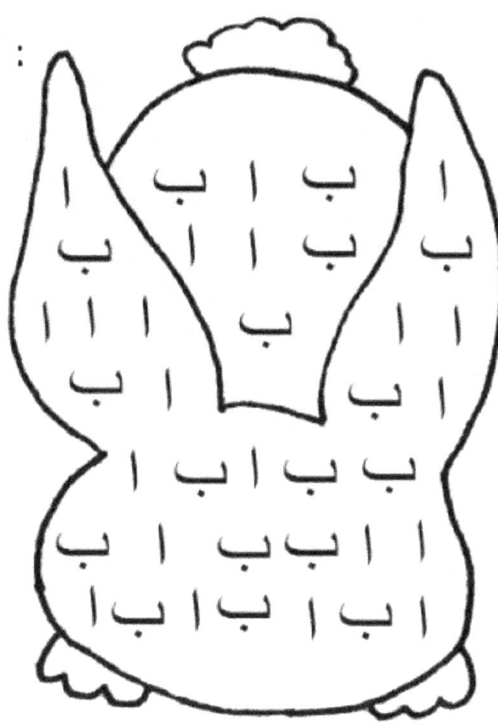

Conduis Arnabou à la carotte.

Entoure la lettre ta :

Retrouve la pomme identique au modèle et entoure la.

Colorie en marron les endroits où tu vois la lettre djim:

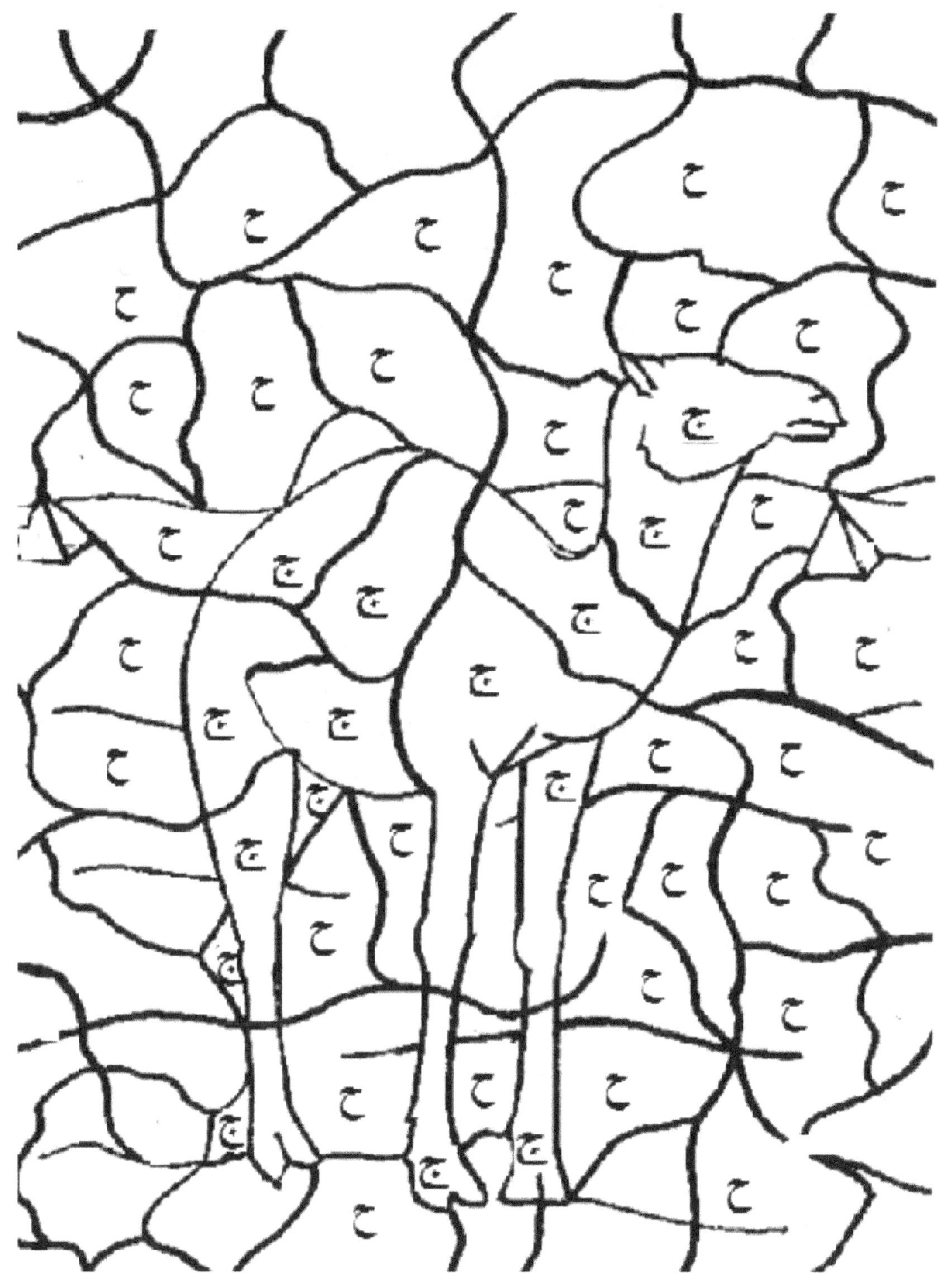

Entoure la lettre ba :

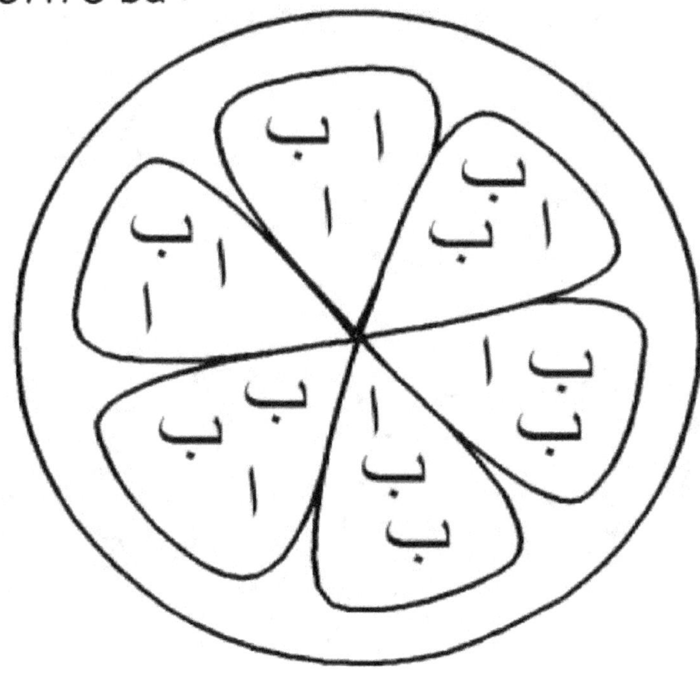

Relie les identiques.

A toi de relier l' image à la lettre qui lui correspond :

RECAPITULATIF

ث

ت

خ

ج

ح

ب

www.ingramcontent.com/pod-product-compliance
Lightning Source LLC
Chambersburg PA
CBHW081353160726
48000CB00010B/3327